DES RACES LATINES

RÉPONSE DE LA FRANCE

À L'ENTREVUE DE GASTEIN

PAR

A. DE RICHECOUR

DOCTEUR EN DROIT, AVOCAT À LA COUR DE PARIS

.... En diplomatie,
On doit partir du point où l'on se trouve.
CHATEAUBRIAND

PARIS

AMYOT	DOUNIOL
8, RUE DE LA PAIX, 8	29, RUE DE TOURNON, 29

Décembre 1865

CE QUE DOIT ÊTRE L'ALLIANCE

DES

RACES LATINES

RÉPONSE DE LA FRANCE
A L'ENTREVUE DE GASTEIN

PAR

A. DE RICHECOUR
DOCTEUR EN DROIT, AVOCAT A LA COUR DE PARIS

> .... En diplomatie,
> On doit partir du point où l'on se trouve.
> CHATEAUBRIAND

PARIS

AMYOT	DOUNIOL
8, RUE DE LA PAIX, 8	29, RUE DE TOURNON, 29

Décembre 1871

I

Quand on observe, avec attention, notre situation extérieure, au lendemain de nos revers, et au milieu d'une recrudescence révolutionnaire dont nul ne peut prévoir l'issue, on est douloureusement saisi, à la pensée que la France est isolée des autres puissances ; qu'elle est sans alliance à l'étranger.

Cet état de choses, grave avant nos malheurs, l'est encore davantage, dans l'état actuel des âmes et des mœurs, alors qu'ayant à combattre, à l'intérieur, des symptômes de décadence, nous ne pouvons nous faire la moindre illusion sur ce que, dans une lutte nouvelle avec les autres peuples, la France pourrait, réduite à ses seules forces. La situation actuelle, digne de la méditation des hommes sérieux, se résume donc en ces deux points : Au dedans, divisée en plusieurs partis politiques incomplètement dominés par un pouvoir trop faible, la France se sent mal affermie ; au dehors, suspecte à l'Europe qui la jalouse, et qui la redoute encore, elle ne doit, selon une fort juste expression, « s'attendre qu'à elle-même. »

Il est vrai que quelques esprits superficiels s'efforcent d'atténuer la gravité de cette crise, en faisant luire à nos yeux l'alliance de l'Italie. De l'un à l'autre versant des Alpes, des phrases retentissantes ont été naguère échangées sur ce thème. En présence de la récente coalition des Empires Allemands, ce que l'on nomme l'opinion publique, cette foule inconsciente qui se nourrit de passions et d'intérêts, au lieu de principes et de raisons, entonne un hymne de confiance avec ce refrain : « Prenez garde à la coalition des races Latines. »

Dans le présent écrit, je voudrais essayer de dire ce que je crois être à ce sujet la vérité ; je voudrais éclairer de trop naïves illusions ;

je voudrais rechercher ce qu'il y a de faux, ce qu'il pourrait y avoir
de vrai dans la théorie de l'alliance des races Latines, et dans quel
sens, introduite dans la politique Française, cette doctrine nous aide-
rait à sortir de notre isolement, à restaurer notre influence extérieure, et à reconquérir en Europe notre légitime prépondérance.

Dans le cours de la triste année qui va finir, la France a été mise
en demeure de se prononcer devant la révolution intérieure ; elle l'a
fait, par le vote du 8 février, vote solennel qui lui a donné une repré-
sentation et un pouvoir conservateurs, vote dont les passions dé-
chaînées ne parviendront pas à amoindrir l'influence décisive sur nos
destinées intérieures.

En ce moment la coalition récemment formée entre deux grandes
puissances, l'Allemagne et l'Autriche, met en demeure la politique
Française : se prononcera-t-elle à l'extérieur, comme elle l'a fait
à l'intérieur, dans un sens énergiquement conservateur ? Au contraire
l'Europe verra-t-elle apparaître encore la France révolutionnaire
qu'elle redoute, et dont elle a juré l'amoindrissement pour le repos du
monde ? grave alternative dans laquelle tous les véritables amis de
notre pays ne peuvent concevoir la moindre hésitation !

Des deux voies qui s'ouvrent devant elle, la politique Française
doit adopter celle qui l'a faite si grande dans le passé, et qui seule
peut la relever dans le présent : L'alliance de Gastein lui en fournit
l'occasion providentielle, en même temps qu'elle détermine la nature
de ce travail, c'est-à-dire la recherche des moyens par lesquels notre
Diplomatie peut et doit, dans les combinaisons de la politique extérieure,
contrebalancer, mieux encore, déjouer les desseins et les plans des
diplomaties du Nord.

En étudiant cette grave question, je veux, et dois parler à mon
pays, et m'expliquer à son sujet, avec autant d'amour que de liberté :
Si la France affaiblie et malheureuse, suscite chez les peuples qui
n'ont pas oublié la grandeur de son passé et de sa mission, les plus
ardentes sympathies, comment ses enfants, en touchant à ses bles-
sures, ne sentiraient-ils pas se réveiller en eux le culte de la patrie !

La thèse que je vais soutenir rencontrera, je le sais, des incré-
dules, et plus d'un genre de contradicteurs. Parler de droit, de justice, de réparation morale, c'est, pour me servir d'une expression
contemporaine, exhumer un langage fossile : En vérité, peut-on me

dire, il s'agit bien de droit, aujourd'hui ! Est-ce que l'idée qu'exprime ce mot est seulement comprise ? est-ce qu'il ne jure pas avec tout ce qui triomphe de nos jours ? — Je n'ignore pas cette disposition presque générale des esprits : mais je crois que c'est un devoir pour toute âme généreuse de chercher à réagir contre elle ! dès lors, je ne me sens que plus d'ardeur à soumettre cette étude aux hommes d'État d'abord, et si je ne devais pas être compris d'eux, à ce qui reste en France d'hommes demeurés fidèles à ce que j'appellerai notre vieux bon sens français.

Je n'ai pas la prétention de dire le dernier mot sur ce sujet capital : mon but serait atteint, si cette semence jetée en terre peut croître, et se développer au souffle du vrai patriotisme.

« A une chose aussi nécessaire que le gouvernement parmi les hommes, dit Bossuet, il faut donner les principes les plus aisés, et l'ordre qui roule le mieux. » Par cette maxime, ce grand génie voulait exprimer la nécessaire harmonie et la balance équitable dans laquelle, pour tout ce qui touche les destinées des peuples, doivent être pesées d'un poids égal, les conditions de la justice et la satisfaction des légitimes intérêts ; je serais heureux que les conclusions de cet écrit produisissent pour le lecteur cette évidence : Que ce qui est ici, le devoir de la France, c'est en même temps, son suprême intérêt ; car après tout, ce qu'il y a encore de plus aisé, ce sont les principes, et ce qui roule le mieux, c'est l'ordre !

La nature de mon sujet m'amène à mettre en scène quatre nations qui, à des titres divers, attirent aujourd'hui les regards de l'Europe. Quand l'Allemagne et l'Autriche agissent, ou se concertent, il est naturel qu'autour d'elles, on se demande à quelle fin, et dans quel but ; et s'il est démontré que ce concert touche directement aux intérêts de la France, c'est pour elle un droit, c'est un devoir de se mettre en mesure de les sauvegarder ; or, je prétends que la politique d'union poursuivie depuis plus d'une année, entre les Empereurs Allemands et, qui vient d'avoir son expression décisive à l'entrevue de Gastein, ne tend qu'à immobiliser et à annihiler la politique Française à l'extérieur, en même temps qu'elle atteint l'Italie dans ses conditions actuelles d'existence.

La France ne peut donc rester indifférente et silencieuse ; elle doit adopter sans retard vis à vis de l'Europe, et spécialement, à l'occasion de l'Italie, une politique totalement différente de celle qu'elle a suivie durant ces dernières années, la politique qui a fait sa grandeur séculaire, parce qu'elle est conforme aux principes de justice, et à l'ordre véritable, c'est-à-dire la politique conservatrice.

Il y a des heures dans la vie des peuples où l'on sent que l'édifice chancelle, que les raisons les plus fermes sont hésitantes, que les regards les plus assurés se troublent, et où la défaillance naturelle aux jours de crise entraînerait facilement à s'abandonner au hasard et à l'imprévu. Cette attitude ne convient pas à une nation comme la France ; le temps des aventures, des utopies, des entraînements est passé pour elle ; il lui faut ressaisir sa raison tout entière ; cette raison lui commande d'abandonner certaines pratiques jugées funestes ; de ne pas s'obstiner à certaines théories qui viennent d'avoir pour ses intérêts des résultats désastreux ; pour cela, il lui faut rectifier certaines directions, et se résoudre à faire quelques pas en arrière, pour recommencer à marcher en avant !

Mais, pour apprécier quelle doit être, à cette heure, la politique Française, j'ai à rechercher d'abord, et le lecteur a besoin de connaître, avec son véritable caractère, l'événement diplomatique qui appelle la réponse de la France, et de sa part une manifestation décisive peut-être pour ses destinées futures.

II

Pour apprécier la valeur diplomatique des conférences de Salzbourg et de Gastein qui, dans le cours du mois de Septembre dernier, ont mis en présence les empereurs d'Allemagne et d'Autriche, si nous n'avions que le langage tenu par le premier de ces souverains à l'ouverture du Reichstag, notre curiosité serait peu satisfaite par le ton empreint de réserve et de réticences avec lequel il en est parlé : ce mystère, et surtout l'insistance que, depuis lors, on a mise à détourner de ces entrevues la pensée de l'Europe : en voilà assez pour stimuler davantage notre attention, et nous amener à conclure qu'il s'est passé à Gastein quelque chose de plus grave que cette banale entente entre deux États, pour travailler de concert, selon les termes du récit officiel, à l'affermissement de la paix Européenne.

Mais à défaut de la parole Impériale, pour éclairer à cet égard nos convictions, nous avons d'une part la préoccupation que cette rencontre a suscitée dans la presse et l'opinion Européennes, les indiscrétions provoquées de la part des intéressés par l'inévitable curiosité des tiers, enfin, et surtout, nous trouvons la nature même des faits, et la force des situations. Si, de ces divers éléments d'informations, nous voulons tirer tout le parti qu'il semble raisonnable et intelligent d'en tirer, voici les déductions nettes et précises auxquelles nous sommes conduits : l'entrevue de Gastein n'est pas seulement une entrevue de courtoisie entre deux Chefs d'États ; elle présente tous les caractères d'un véritable traité ; les subtilités de langage sont permises à ceux qui ont intérêt à en diminuer la portée : On peut dire qu'il n'y a pas eu de traité véritable, parce que rien d'officiel n'a été écrit. — Nous répondons : Si ce traité n'a pas été littéral, il n'en est pas moins formel ; quoiqu'il en puisse être de la forme, c'est un fait avéré qu'il s'est conclu entre les chefs de deux grandes puissances un accord, une entente intime, sur des bases très-larges et très-étendues.

Si l'alliance existe, il reste à rechercher quel en est le sens et l'objet ; pour cela il n'y a d'autre règle d'interprétation que l'intérêt même des puissances cosignataires : cet intérêt il s'apprécie par la force des choses, et les situations réciproques de l'une et de l'autre.

Nous avons donc à nous demander ce que peuvent, ce que doivent désirer à l'heure présente les deux politiques qui viennent ainsi d'associer leurs moyens d'action.

Voyons d'abord quel est l'intérêt de la Prusse ; dans la situation qui lui est faite par les récents événements, la Prusse a besoin d'un allié puissant qui lui garantisse toutes ses conquêtes nouvelles. De plus elle a à combattre un double ennemi intérieur, auquel l'exposent davantage encore ses récents succès : d'une part la désaffection des diverses nationalités violemment annexées, et enfin les développements souterrains de l'esprit révolutionnaire qu'elle a suscités par les moyens employés pour soutenir sa politique d'absorption et d'envahissement.

Les difficultés de cette situation sont appréciées dans un article récent d'un des plus compétents journaux de l'Allemagne, le *Historisch-Politische Blœtter* de Munich. La citation que je vais mettre sous les yeux du lecteur donnera à ma pensée un développement plus autorisé que ce que je pourrais en dire moi-même.

Après avoir établi d'abord que Berlin a besoin de renouveler une alliance avec l'Autriche qui, malgré la paix de Prague, par son histoire, ses multiples rapports et la communauté de ses intérêts, n'a cessé d'appartenir à l'Allemagne, l'auteur examine les obstacles possibles, et il ajoute : « Tant que l'aiguillon de la méfiance ne sera pas entièrement écarté, on ne peut se flatter d'assurer à l'alliance avec l'Autriche une durée pourtant si désirable. Les témoignages d'amitié quelque précieux qu'ils soient, ne sont pas suffisants, n'offrent pas les garanties voulues, et n'assurent pas de réciproques secours, toutes choses dont la situation actuelle de la Prusse ne lui permet plus de se passer.

Pour soutenir en Europe ses conquêtes, et la haute position qui, à tant de titres, la font regarder avec des yeux jaloux, poussée par la préoccupation irrésistible que le droit du plus fort qu'elle a exploité ne vienne à se tourner contre elle-même, la Prusse sera condamnée à demeurer toujours la plus forte. Mais puisque, malgré ses nouveaux agrandissements, elle ne l'emporte sur le reste des autres grands États de l'Europe, ni en territoire, ni en nombre d'habitants, elle ne saurait asseoir sa prépondérante puissance que sur son organisation militaire, et sa continuelle préparation de guerre. Elle en viendra par là, à obliger les autres États Européens, à armer pour leur sûreté, dans une légale mesure.

L'année 1866 a condamné l'Europe à une situation plus tendue qu'on ne l'avait encore vu : cette situation ne fera que persister. La paix armée est, à la longue, un état insupportable : pour y mettre fin, la Prusse devra en venir à une nouvelle grande guerre. La preuve que cette éventualité résulte, non pas d'une vaine imagination, mais bien de la force des choses, ce sont les termes mêmes du discours par lequel le président de la Chancellerie de la Confédération a inauguré le Reichstag assemblé le 24 novembre de l'année dernière ; il y est dit : « Les Gouvernements confédérés ont le regret d'adhérer à la conviction qu'à cause des souvenirs et des impressions que la guerre laissera en France, la paix entre les deux grandes nations voisines sera mise à coup sûr en danger, aussitôt que la France, par le rétablissement de ses propres forces ou l'alliance avec d'autres puissances, se sentira en état de recommencer la lutte. »

Ainsi, il y a lieu de craindre l'inimitié, non-seulement de la France, mais aussi d'autres États alliés avec elle ; quelque favorable qu'on en imagine l'issue, de pareilles guerres ne seront pas sans accabler la Prusse et l'Allemagne d'indicibles calamités. Si, elle était vaincue, la Prusse devrait s'attendre à perdre au moins ses nouvelles conquêtes ; victorieuse elle serait fatalement poussée à en accroître encore le nombre ; mais, même dans ce cas, on se bercerait d'un vain espoir de réaliser une paix durable ; car la Prusse étant un sujet de crainte pour tous, ne parviendrait jamais à isoler les États d'Europe, et elle serait impuissante à résister à leurs forces combinées.

Mais en supposant que ces préoccupations et ces craintes ne soient pas fondées, reste le danger apparemment le plus proche et le plus grave de la décomposition intérieure. La Révolution qui depuis son explosion à la fin du siècle dernier, ne s'arrête nulle part, a fait d'importants progrès en 1866 : En bouleversant violemment les rapports légaux et réguliers qui existaient jusqu'alors en Allemagne, elle a fortifié la présomption que : pour réaliser des rapports plus heureux dans le domaine de la politique, il est permis de renverser le droit en vigueur, et que ce but justifie les moyens employés. Pour ces théories redoutables, certains symptômes de réussite apparaissent à l'horizon; quoiqu'on puisse encore espérer qu'elles n'aboutiront pas à leur but, il y a là cependant une trop réelle cause de malaise : il faut y ajouter les souffrances qui survivent à chaque guerre, les charges qui en aggravent les conséquences. Dans les États de la Confédération la gêne qui en résulte ne manquera pas d'être imputée à la Prusse ; ce sera là contre elle un nouveau ferment de division.

Pour ce qui est des provinces annexées, la situation n'est pas plus favorable; à l'est on n'est pas encore parvenu à rallier les Polonais aigris; à la frontière de l'ouest, les dispositions hostiles des Alsaciens et des Lorrains continueront longtemps à prévaloir, et les plaintes formulées au nom du libéralisme national retentiront comme une protestation toujours vivante contre la domination forcée de la Prusse. »

Ces lignes sont assez significatives pour me dispenser de longs commentaires : elles mettent en lumière la double difficulté contre laquelle M. de Bismarck a aujourd'hui à lutter : Outre la conservation de ses conquêtes extérieures, la politique Allemande a besoin d'affermir dans son sein ce prétendu principe d'annexion des divers éléments Germaniques si perfidement exploité par elle contre l'intérêt de l'équilibre Européen, et qui, s'il a pour lui un succès éclatant, manque encore de cette consécration que le temps donne au succès.

L'Empereur d'Allemagne signant à Francfort en 1871, le traité de paix qui sanctionne, devant la diplomatie Européenne, l'avantage de ses armes, n'est pas un souverain qui stipule au nom d'une nation de vieille date, agglomérée par des traditions et une assimilation incontestée de ses provinces : Nous n'avons pas à rechercher ici ce que pensent, à l'heure présente, de l'unification de l'Allemagne, et de la subite transformation de leur destinée, les hommes politiques de la Bavière, du Wurtemberg, de la Saxe, de Bade, du Hanovre, etc., qui avaient naguère leur place marquée au rang des États souverains, et qui aujourd'hui privés de leurs armées, de leurs parlements, de leurs diplomaties distinctes, n'ont plus d'autres perspectives que de figurer au rang des vassaux de celui qui était, hier encore, le roi de Prusse. Ce qui suffit pour ma thèse, c'est l'affirmation suivante qu'on ne peut pas contester : Les diverses nationalités aujourd'hui réunies en une seule, sous le nom de patrie Allemande, ont été entraînées, de bon ou de mauvais gré, dans une guerre entièrement contraire au principe de fédération, le seul qu'elles eussent un véritable intérêt à défendre : Les victoires qu'elles ont assurées par leur concours, il peut demain leur venir la fantaisie d'en demander compte au vainqueur : L'unité Allemande, malgré le prestige qu'elle reçoit aujourd'hui d'une communauté inespérée de luttes et de victoires, n'est donc pas à l'abri de réactions et de revendications plus ou moins compromettantes ; dès lors il faut à tout prix, par un élément nouveau de cohésion et de force, enlever à ces diverses autonomies étranglées, le moyen et les chances de revendiquer leur indépendance ; la politique de l'empereur Guillaume et du prince de Bismarck, dans la situation que les événements lui ont faite, et, pour donner un avenir à ses succès, ne peut rester dans l'isolement : il lui faut l'alliance d'une grande puissance Européenne. Cette puissance ne peut être autre que l'Autriche.

En effet, il n'y aurait d'autre alliance possible que celle de la Russie : or, en examinant de près l'éventualité d'une pareille alliance cimentée par le cabinet de Berlin avec celui de Saint-Pétersbourg, on arrive à conclure que cette combinaison n'est pas possible ; elle ne pourrait convenir à la politique de M. de Bismarck ; car elle aurait pour résultat de rapprocher davantage de l'Allemagne ce que l'on appelle le colosse Russe, autour duquel graviteraient alors, aux dépens de l'unité, et détachées de l'Autriche, sous l'influence de l'irrésistible attraction d'affinité de race, les populations Slaves, c'est-à-dire, une fraction importante de ces provinces déjà fort tièdes à l'égard de la Prusse ; en second lieu une alliance Russe aurait cette chance fatale, au moment du réveil des autonomies Allemandes supprimées, de leur servir d'appui et de levier ; enfin, avançant sa frontière jusqu'aux dernières limites de l'orient de l'Allemagne, et lui formant une ceinture de plus en plus pressante de nationalités hostiles, la Russie ne ferait qu'agrandir sa prépondérance sur la Prusse ; alors celle-ci, au lieu de se dégager des entraves qu'elle trouve déjà trop lourdes, serait obligée de se mouvoir de plus en plus dans le cercle des intérêts, et au gré des volontés de la Russie ; on ne peut donc pas admettre que la perspicacité de M. de Bismarck n'ait pour résultat que d'aggraver la politique extérieure de son pays, et de resserrer ses chaines : disciple de Machiavel, il a sans doute médité cette leçon du maitre fondée sur une expérience que l'histoire n'a jamais démentie : « Qu'il ne faut pas laisser à un étranger aussi puissant que soi, l'occasion d'entrer dans le domaine dont on est maitre, car alors, ce serait renouveler la faute que commit le roi de France, Charles VIII, en Italie, en partageant le royaume de Naples avec le roi d'Espagne. De la sorte, tandis qu'il était l'arbitre de la Péninsule, il y créa à côté de lui un pouvoir rival, en ménageant aux ambitions de cette province, et au mécontentement personnel un centre de recours, et un point d'appui. Tandis qu'il pouvait laisser dans ce royaume un roi, son pensionnaire, il le rejeta au delà de ses frontières, pour mettre à sa place celui qui, à son tour, allait être en état de le chasser (1).

Après avoir montré que la politique de Berlin, pour assurer le double but qu'elle se propose, ne peut s'adresser autre part qu'à la diplomatie Autrichienne, nous n'aurons pas de peine à montrer quel a été à Gastein le langage du roi de Prusse :

« Mes seules ressources ne sont pas suffisantes pour maintenir dans une cohésion nécessaire les nationalités vassales que le prestige de mes victoires a englobées dans ma politique d'unité : Trop peu assuré de leur soumission durable, je ne puis avoir l'espoir de les tenir en haleine devant la perspective inévitable d'une nouvelle guerre avec la France, sans craindre de les fatiguer, et par suite de refroidir davantage leurs tièdes sympathies : de votre politique, et de vos armes j'attends d'abord une reconnaissance loyale et pratique de l'état de choses actuel à l'intérieur, et surtout, le concours dont j'ai besoin pour tenir en respect les vaincus de l'étranger. »

Si nous cherchons le langage que le véritable état de la puissance et des intérêts politiques de l'Autriche ont dû inspirer à son souverain, nous croyons pouvoir affirmer que l'empereur François-Joseph

(1) Ne per accidente alcuno non vi entri un forestiere non meno potente di lui. — Dove ara primo arbitro d'Italia, vi mise un compagno, accioche gli ambitiosi di quella provincia e malcontenti di lui avessero dove recorrere. (*Il Principe* 3. C. III.)

a formulé sa réponse en ces termes : « En retour de l'appui effectif et sympathique que je vous promets, j'ai besoin que vous m'assuriez votre neutralité, tout au moins bienveillante, dans les conflits intérieurs que suscitent à l'unité de mon empire, les aspirations nationales, et les susceptibilités politiques des diverses races qui composent l'hégémonie Autrichienne. A l'extérieur mes frontières sont mal assurées, par suite des cessions de provinces qui m'ont été imposées par la force, et des agrandissements immodérés de l'Italie : J'attends l'heure favorable pour lui reprendre, par les armes, les provinces qu'elle m'a enlevées par la ruse ; quand cette heure sera venue, j'ai besoin de compter sur votre appui, pour améliorer ma situation, conformément à mes intérêts, et à mes droits réservés dans le traité de Zurich, qui diplomatiquement n'a pas cessé d'exister. »

Voilà en quels termes, tout nous autorise à l'affirmer, ont été échangées à Gastein les stipulations, et les garanties réciproques des deux empereurs Allemands ; voilà l'alliance qui, aux regards attentifs, apparaît comme un fait incontestable, et dont les conséquences sont de nature à modifier sans doute, avant peu de temps, la situation actuelle de l'Europe.

On s'étonnera peut-être en France de la précision avec laquelle la réponse de l'Autriche à la Prusse est ici produite. Cette réponse formulée en de pareils termes, provoquera un sourire d'incrédulité de la part du plus grand nombre de mes lecteurs : on y verra un paradoxe jeté en défi aux idées et aux appréciations actuellement en vogue au sujet de l'Autriche, dans l'opinion publique de la France, habituée à juger les événements des autres pays d'après un certain nombre d'idées stéréotypées, et surtout à prêter à des races fort différentes, nos ardeurs passionnées, nos entraînements irréfléchis.

En effet, parce que les diverses nationalités de l'empire d'Autriche montrent en ce moment une fermentation croissante, parce que les deux grands principes du fédéralisme et du centralisme s'entrechoquent à Vienne, parce que les Tchèques de la Bohème s'efforcent de marcher sur les traces des Madgyars de la Hongrie, parce qu'en présence de cette agitation, le parti des Juifs dissimulant son impopularité sous le retentissement de sa voix, crie bien haut : que si la centralisation impériale ne s'accentue pas davantage, il va passer à l'Allemagne, enfin parce que des intrigues de cabinet font passer successivement sur la scène des ministres représentant des nuances différentes dans la politique intérieure, on est enclin à penser, en France, que l'Autriche est en train de se décomposer, de tomber en lambeaux, ou d'être la proie du premier venu. Il paraît donc invraisemblable que l'Autriche soit de force en ce moment à traiter avec la Prusse sur un pied de puissance, je ne dirai pas égale, mais indépendante ; on en conclut que M. de Bismarck, pour entraîner et river l'empire des Hapsbourg à la remorque de la politique de l'empereur Guillaume, n'a d'autre peine à se donner que d'exprimer sa volonté, sans se soucier de concessions réciproques.

L'examen sérieux des faits ne permet pas de partager cette croyance colportée sans doute à dessein dans la presse par les adversaires acharnés de l'Autriche et de sa politique.

Ceux qui suivent avec attention la lutte où sont engagées les différentes nationalités de cet empire sur la question du gouvernement intérieur, ne peuvent pas ignorer qu'il y a là pour le cabinet de Vienne des difficultés sérieuses ; mais ils savent aussi que cette question intérieure est tout à fait distincte de ce que l'on peut appeler la politique extérieure de l'Autriche, surtout dans ses rapports avec la Prusse. Quel que soit celui des deux partis aujourd'hui en présence qui l'emporte à l'intérieur, que l'avenir appartienne soit au fédéralisme soit au centralisme, il faut bien peu connaître l'attachement à la maison de Hapsbourg que témoignent, je ne dis pas le parti de ces doctrinaires libéràtres qui prétendent donner leur volonté comme celle des groupes auxquels ils appartiennent, mais la grande masse de ces races, pour s'imaginer qu'aucune d'elles consente jamais à défaire l'unité qui les relie à un faisceau séculaire, au profit d'une autre unité qui leur est antipathique, l'unité Germanique.

L'opinion que j'exprime est confirmée par la feuille Allemande que j'ai déjà citée, et dont le témoignage ne sera pas suspect.

Dans sa livraison soixante-huitième, le *Historische politische* s'exprime ainsi : « Les centralisateurs Allemands de la trempe Herst-Giskra ne manquent aucune occasion pour prôner partout que les Slovènes, les Croates, les Moraves et surtout les Tchèques ne rêvent que se donner à la Russie : mais la vérité, c'est que l'histoire des Tchèques s'est tellement jointe au cours du temps, à celle de l'Autriche, que toutes les deux ne peuvent que se tenir debout ou tomber en même temps. La vérité est que personne ne connaît mieux cette affinité de rapports que les Tchèques; la vérité enfin, c'est que les Tchèques n'ont d'autre visée que d'obtenir leur égalité nationale dans l'Autriche et par l'Autriche : et ils se rendent bien compte de la grande mission qu'ils ont à remplir dans ce faisceau de peuples. Les mêmes dispositions animent les autres nationalités de race Slave en Autriche, les Slovènes, les Croates, les Serbes, les Moraves; ces peuples n'ont d'autre vœu que d'être des hommes libres en Autriche, et non pas des esclaves de la Russie. Pour ce qui est des peuples de race Allemande, tels que les Tyroliens et les habitants de l'Autriche inférieure et supérieure qui en forment la partie la plus importante, comment supposer qu'ils aient la moindre envie de se laisser englober à la Prusse ?»

Ces lignes suffisent pour éclairer ceux qui veulent l'être, sur la vérité de la situation intérieure en Autriche. Quant à sa situation vis-à-vis de la Prusse, voici ce qui me semble être la vérité : Si l'on veut se rendre compte de la force des Etats, il faut s'en tenir au principe que pose à ce sujet Machiavel, c'est-à-dire qu'on doit regarder comme capables de se maintenir et de se défendre par leur propre consistance les États qui, par une quantité suffisante d'hommes ou d'argent, peuvent mettre sur pied une armée convenable, et livrer une bataille contre quiconque viendrait à l'attaquer (1) .

Si l'on se reporte aux données officielles sur la situation militaire actuelle de l'Autriche, il est facile de s'assurer qu'elle n'est pas si impuissante qu'on veut bien le dire : Avec huit cent mille hommes à mettre en ligne de bataille, bien armés, bien aguerris et bien commandés, l'Autriche peut, avec chances de succès, braver le choc de la Prusse. Mais, en tous cas, il serait absurde de supposer que, sans essayer le sort des armes, elle se laissera faire, comme une puissance vassale, ou de troisième ordre, et qu'elle subira de prime-abord le sort qui ne pourrait être que la conséquence d'une catastrophe plus effroyable encore que celle de Sadowa.

L'hypothèse d'une pareille défaillance est en trop complète con-

(1) Giudico potersi coloro reggere per se medesini, che potrono oper abondanza d'uomini o di denari, mettere insieme un escercito giusto, e fare una giornata con chiunque bi viene ad assaltare.

tradiction avec le sentiment de dignité et d'énergie morale de la maison de Hapsbourg, pour qu'en Autriche un ministre, quelque insouciant et indifférent qu'il fût à l'endroit de l'honneur de son pays, puisse en accepter impunément l'indignité.

Quant à M. de Bismarck, quelles que puissent être ses visées, ses désirs secrets d'agrandissement par rapport aux provinces Allemandes de l'Autriche, il est trop habile politique pour ne pas apprécier la mesure de résistance qu'il trouverait dans son sein. Vis-à-vis d'elle, il a déjà commencé à pratiquer cette maxime de Machiavel : « L'ennemi qu'on ne peut briser, on doit se l'attacher » (1). Contrairement aux vues qu'on lui suppose à l'étranger, n'osant pas, et peut-être ne pouvant renverser l'Autriche et la remplacer, il s'est proposé de transformer les rancunes et l'hostilité éventuelle du cabinet de Vienne en concorde et en auxiliaire pour sa politique qui, nous l'avons déjà vu, implique pour la Prusse la nécessité d'une grande alliance. Cette alliance intime sur la base d'avantages réciproques à se garantir et à s'accorder, dans les rapports de pair à pair, voilà le point de départ véritable et historique de l'entrevue de Gastein.

Depuis la retraite de M. de Beust, et son remplacement à la tête du cabinet de Vienne par le comte Andrassi, toutes les informations venues d'Autriche confirment ce que je viens de dire : la politique du nouveau Cabinet n'est à l'extérieur, que la continuation de la politique de celui qu'il remplace, et qui se résume ainsi : Avant tout, alliance intime avec l'Allemagne.

(1) Quando si non a fare con un nemico, o bisogna distraggirlo o vezzegiarlo.

III

Je n'ignore pas que l'entente de Gastein a rencontré dans la presse et l'opinion Européennes l'incrédulité de quelques-uns, et d'un certain nombre, les appréciations les plus contradictoires.

D'abord, pour ce qui est des dénégations superficielles ou intéressées, je me permettrai d'en appeler aux informations diplomatiques, communiquées aux divers gouvernements, et dont l'ignorance serait impardonnable dans les sphères officielles ; l'alliance Allemande n'est pas ignorée de la Chancellerie Française ; j'ajoute qu'on en est informé en Italie, et que l'effet produit à Florence a été une consternation profonde, un véritable découragement, suivi de tentatives secrètes habilement poursuivies à l'heure actuelle, pour réchauffer les sympathies du Cabinet de Versailles, afin d'aviser aux moyens de parer à ce qu'on peut appeler la catastrophe de l'unité Italienne. Il est facile de comprendre l'inquiétude des hommes d'État de la Péninsule : dans les plans de la diplomatie, maîtresse en ce moment des destinées de l'Europe, l'unité de l'Italie, cette unité si chèrement préparée, si heureusement accomplie en apparence, a moralement cessé d'exister. Il n'y a en Europe que les aveugles ou les complices, (et ils sont nombreux je le reconnais, qui prennent au sérieux la mise en scène et les belles paroles de Victor-Emmanuel à l'ouverture du parlement Italien, à Rome. Vainement voudrait-on se faire illusion au-delà des Alpes, et se flatter encore que, ce que l'Europe a laissé faire, elle ne le laissera pas entamer. On s'imagine que le droit Européen a définitivement sanctionné ce que les chancelleries ont regardé, et laissé passer comme une surprise et un incident. Il n'en est rien ; la conscience et l'intérêt du monde réunis attendent le jour où il sera demandé compte aux hommes de fortune qui

2

ont prétendu créer un ordre nouveau, à leur profit exclusif, et qui n'ont encore réussi qu'à légaliser le désordre à la surface. Par une fatalité mystérieuse et providentielle, il se trouve que le fait accompli en Italie, n'ayant pas trouvé devant lui la barrière des principes sociaux, va rencontrer un autre genre d'obstacles : la politique de deux grandes puissances appuyée sur deux millions de soldats !

Toutefois, je ne dois pas laisser sans examen les tactiques de diverses natures par lesquelles, depuis deux mois, un parti intéressé en France et en Italie à égarer l'opinion, s'est efforcé de dénaturer aux yeux du public le caractère véritable de l'alliance de Gastein. Ainsi, pendant les pourparlers des empereurs Allemands, on a poussé la naïveté jusqu'à répandre le bruit d'une alliance entre la Prusse et l'Italie. Je ne sais quel profit on pouvait espérer, avec les moyens d'information qui existent aujourd'hui, à jouer ce jeu qui consiste à tromper les autres, quand on ne peut plus se tromper soi-même ; dans le monde politique aucun esprit sérieux ne s'y est laissé prendre.

Ne pouvant nier le fait, des penseurs plus graves se sont efforcés d'en atténuer la portée. Les politiques du *Journal des Débats* ont affecté de présenter l'entente Allemande comme une réminiscence impuissante de l'antique Sainte-Alliance : « De pareilles doctrines, ajoutait-on, ne réussiront plus à se faire place dans l'Europe moderne ; elles étaient bonnes au commencement de ce siècle, alors que les esprits et les chancelleries Européennes n'étaient pas encore en état de comprendre, et d'apprécier la Révolution. Mais leur temps est passé : les idées modernes en ont fait justice ; après tant de labeurs pour cueillir les fruits de l'idée révolutionnaire, l'Europe ne se laissera pas ramener à un passé qui a définitivement cessé d'exister. — On comprendrait le dédain des politiques qui s'appellent « modernes » pour les pactes passés ou présents, conclus entre les souverains, si ces pactes s'en tenaient à l'affirmation pure et simple de quelques-uns de ces principes qu'on appelle surannés ; mais si nous allons au fond des choses, dans l'alliance de Gastein comme dans toutes les autres de ce genre, nous trouvons que l'idée inspiratrice et dominante est une question d'intérêt personnel, et de tous, le plus puissant et le plus actif, l'intérêt de sa propre conservation ; or, à moins que les diplomates de l'avenir ne nous fassent une humanité nouvelle, ce qui n'est pas encore fait, il sera toujours vrai de dire que l'intérêt bien entendu, alors surtout qu'il n'est nullement en contradiction avec l'ordre moral, est un fondement respectable pour une politique, aussi bien royale que démocratique ; dès lors, jusqu'à ce qu'on nous prouve le contraire, nous continuerons à tenir pour sérieuse toute alliance à la base de laquelle nous voyons un point d'appui comme celui-ci : L'avantage qu'ont les grands ou petits États à demeurer debout, dans les conditions qui peuvent assurer leur existence, alors surtout qu'ils sont instruits par le spectacle lamentable des peuples qui se laissent entrainer à la remorque de l'inconnu, sous l'influence de ces grands mots : l'avenir, l'idée moderne, la révolution, jusqu'au jour où ces mirages trompeurs apparaissent enfin avec les lugubres réalités qu'ils cachent : le chaos, le désordre, la ruine !

Mais, ajoute-on, l'alliance de Gastein est ce qu'il y a de plus invraisemblable ; en effet, comment l'Autriche pourrait-elle songer à revenir en Italie, où elle aurait à lutter contre une nationalité vivace, et prête à tous les sacrifices pour rendre impossible ces nouvelles tentatives de domination. — Je réponds : la mesure de la volonté d'une puissance à entreprendre un acte politique, à exercer une revendication quelconque, c'est d'abord son intérêt, c'est de plus, les chances de réussite qu'elle peut y trouver ; c'est enfin la légitimité même de ses prétentions : or, à la base des prétentions actuelles de l'Autriche sur l'Italie, je trouve ces trois choses : en premier lieu, l'intérêt ; il est inutile de le démontrer ; je trouve ensuite le droit fondé sur le traité de Zurich, tout au moins en tant qu'il réserve le maintien des familles régnantes, de Toscane et Modène, reversibles à l'Autriche ; enfin, j'y trouve les chances de réussite, ou en d'autres termes, la possibilité d'atteindre le résultat qu'on se propose ; car enfin l'histoire est trop près de nous, pour que nous l'ayons oubliée : L'Autriche lorsqu'elle vainquit l'Italie en 1866, à Custozza et à Lissa, était obligée de tenir tête, en même temps à toutes les forces de la Prusse : avec le secours de celle-ci, ou seulement avec la neutralité bienveillante du cabinet de Berlin, sera-t-il impossible à l'Autriche de reconquérir au prix d'une victoire, cette fois plus fructueuse, les provinces qu'en 1866, par une ironie du sort, les défaites de l'Italie lui ont servi à enlever à sa rivale ? Je laisse à mes contradicteurs le soin de répondre. Donc, supposer, comme on le fait, que l'Autriche restera impassible à l'égard de l'Italie dans la situation nouvelle que va lui faire son alliance avec la Prusse, et qu'elle ne cherchera pas une diversion à ses difficultés intérieures, c'est contredire gratuitement la loi universelle selon laquelle, on n'abandonne jamais une entreprise fondée sur les droits et les intérêts les plus irrésistibles, lorsqu'on a la force d'en assurer le succès. Que ceux qui nient que ce soient là les plans secrets de l'Autriche unie à la Prusse nous expliquent, s'ils le peuvent, ces faits récents : L'activité croissante des préparatifs militaires dans les deux empires, le refroidissement diplomatique des deux puissances Allemandes avec l'Italie, d'où étaient naguère rappelés, sans avoir été remplacés, les ministres de Prusse et d'Autriche, trop compromis dans la politique unitaire. Que signifie encore ce crédit extraordinaire de 490 millions pour armements extraordinaires dans le Nord, qui va être soumis au Parlement Italien? N'y a-t-il pas là pour ceux qui veulent voir clair, les signes avant-coureurs de la grande lutte qui se prépare? Que l'Italie soit résolue à résister, je ne le nie pas : mais quand un peuple est le plus fort, la résistance du plus faible ne l'a jamais arrêté; il suffit de nous rappeler ce que la Russie a fait à l'égard de la Pologne, la Prusse à l'égard de l'Alsace-Lorraine !

Le Traité de Gastein a trouvé une autre catégorie de contradicteurs : ceux-là ne nient pas son existence, mais ils discutent la modalité de ses termes; à les en croire, ce ne serait pas en Italie, mais en Orient, aux dépens de la Turquie, que l'Autriche aurait stipulé des compensations pour l'appui qu'elle promet à la Prusse. Ceux qui s'arrêtent à cette éventualité, oublient qu'elle est simplement impossible, dans l'état présent de la diplomatie Européenne. Outre qu'elle serait une violation directe des traités encore existants sur la question d'Orient, une pareille stipulation n'aboutirait qu'à brouiller l'Autriche et l'Allemagne avec l'Angleterre, et réunirait dans une formidable coalition les cabinets de Londres, de Pétersbourg, de Constantinople avec celui de Versailles, empressé de saisir l'occasion d'une revanche. Il est donc facile d'écarter cette supposition d'où résulterait, sans qu'on ait pris la peine de s'en rendre compte, la nécessité fatale d'une lutte Européenne, dans laquelle l'Autriche et la Prusse seraient incontestablement les plus faibles.

Enfin, et parce qu'il faut suivre dans tous ses détours, la subtilité de l'esprit humain intéressé à écarter les faits contraires à ses désirs ou à ses calculs, je ne laisserai pas sans réponse une dernière assertion : Il s'est trouvé des journalistes assez peu soucieux des vraisemblances politiques, pour présenter l'entrevue de Gastein comme le point de départ d'une triple alliance qui comprendrait dans son action, la Prusse, l'Autriche et l'Italie, et qui servirait en réalité le désir secret qu'a la Prusse d'affaiblir de plus en plus la France. — Cette assertion est démentie à la fois, par tous les faits existants, par toutes les convenances, et par tous les raisonnements: A la Prusse et à l'Italie, si l'on voulait pénétrer au fond de leurs secrètes pensées, il serait encore possible d'accorder une certaine communauté de haines et de vengeances; mais pour y associer l'Autriche contre la France, et sous cette forme, il faut méconnaître le caractère véritable des situations de chacun; en effet, comment supposer que l'Autriche consente jamais à entrer dans une pareille combinaison qui n'aurait d'autre résultat que celui d'user ses forces en pure perte, de donner à l'Italie le moyen de se fortifier par la reprise des provinces cédées à la France, et de lui permettre ainsi de réaliser son expansion révolutionnaire au détriment de ses possessions territoriales !

Tant que durera l'Unité Italienne formée contre tous les intérêts de l'Autriche, comment ces deux nations pourraient-elles rêver une alliance? On ne peut donc pas croire que l'Autriche ait été mise en demeure de choisir entre une alliance, en tiers avec la Prusse et l'Italie d'une part, et d'autre part, une entente dans les termes de Gastein. Il est évident que la Prusse ne saurait faire à l'Autriche de semblables propositions, sans donner le droit de lui attribuer une arrière pensée : à savoir, de se ménager dans l'alliance Italienne une ressource éventuelle pour écraser ensuite l'Autriche : C'est dire, qu'il faut regarder comme absurde l'hypothèse que la Prusse, ayant à choisir entre l'alliance de l'Italie et celle de l'Autriche, ait eu la moindre hésitation à livrer l'Italie à elle-même, pour s'attacher l'Autriche. On comprend une alliance qui a le double avantage de servir l'intérêt de la Prusse, et celui de l'Autriche : ce que l'on ne comprendrait plus, ce serait une alliance dans laquelle l'Autriche ne serait entrée que pour servir l'Italie !

Une dernière objection tendant à établir l'invraisemblance de l'acte de Gastein se tire de la situation personnelle des hommes d'État Autrichiens qui y ont pris part. Il est invraisemblable, dit-on, que M. de Beust, ainsi que M. Andrassy son co-témoin et son co-signataire à Gastein, aient jamais songé, alors même qu'ils en auraient eu la possibilité, à solliciter des avantages au détriment de l'Italie : car ce sont des hommes trop sympathiques aux principes et aux idées modernes, pour que la moindre envie leur vienne à l'esprit de toucher à la création de l'Italie, qu'ils chérissent d'autant plus que, par l'invasion des États-Pontificaux, elle sert la politique que tous les deux poursuivent, peut-être à un point de vue et à un degré différent, mais qui se résume en un point : l'affaiblissement du Saint-Siège. — Je réponds : Il se trouve dans l'existence politique des peuples, des intérêts si vitaux, si pressants, et pour ainsi dire si constitutionnels, qu'ils s'imposent irrésistiblement aux préoccupations de tout homme d'État. Il n'y a que la trahison, ou le crétinisme le plus stupide qui puisse en détourner son attention.

Les traditions, les raisons de politique et de droit se réunissent, nous l'avons vu, pour déterminer l'Autriche à comprendre une rectification de sa frontière à l'est, au nombre de ses intérêts majeurs.

Sous l'empire de cette nécessité, j'affirme la logique inexorable de ces trois faits : D'abord M. de Beust, par suite de la légèreté de son esprit, de son ignorance de tout ce qui est essentiel à la vie des nations, par les sympathies, et les influences Juives dont il a toujours aimé à s'inspirer, a pu ne pas donner dans sa politique une part suffisamment large, et énergique à la satisfaction de cet intérêt capital, mais il n'a pu échapper à l'obligation de lui donner une part au moins apparente dans ses sollicitudes, et par suite, d'en faire éventuellement l'objet de sa politique militante.

En second lieu, pour ce qui est de M. le comte Andrassy, on doit croire que ses traditions domestiques et nationales d'honneur et de patriotisme Autrichien ont chance de se réveiller, et de l'emporter définitivement sur ses tendances étroites à certains égards, et sur les opinions marquées au cachet du libéralisme humanitaire qui lui ont été inspirées par un entourage équivoque, et par des engagements de circonstance.

En troisième lieu, quelles que soient les entraves par lesquelles le gouvernement de Victor-Emmanuel se flatte de contrebalancer la prépondérance salutaire que les Autrichiens tireraient d'une saine politique ; quelles que soient les influences philosophiques ou sentimentales de hauts personnages employées dans ce but ; quelles que soient enfin les manœuvres sectaires des frères de Pesth et de Vienne, il y a lieu de penser que rien de tout cela ne prévaudra sur ce grand courant de politique nationale qui mène fatalement l'Autriche au but que nous prétendons avoir été atteint par elle à l'entente de Gastein, au sujet de ses frontières Italiennes.

Je crois avoir montré d'une part l'existence, de l'autre, le caractère principal de l'entrevue de Gastein ; et, par suite, les conséquences qui en découlent d'abord pour l'Italie, et en outre pour la France : Il me reste à examiner ce que ces deux puissances doivent faire en présence de cette situation, ou plutôt, comment doit se formuler la politique imposée à la France, à la fois à l'égard de l'Italie, et des puissances Allemandes.

IV

Quand on recherche quelle pourrait être aujourd'hui, en présence de l'Allemagne, l'attitude de la France, trois hypothèses se présentent, comme ayant été, ou pouvant être invoquées avec des chances, et à des points de vue divers.

Avant d'arriver à ce que je crois être la solution digne d'une politique vraiment Française, et nécessaire à la fois pour nous relever, et rétablir la situation de l'Europe dans ses conditions d'équilibre conservateur, je vais discuter tour à tour, les divers plans de résistance qui peuvent avoir des partisans convaincus, mais dont les conséquences seraient également funestes à tous les graves intérêts qu'il s'agit de sauvegarder.

Une première politique est proposée par ceux qui sont, et demeurent les partisans de l'unité Italienne : Ce serait la lutte à outrance. Selon cette opinion, à l'attaque prochaine de la Prusse et de l'Autriche, la France et l'Italie, également intéressées au maintien de l'unité, devraient opposer, par les armes, une résistance désespérée : Ainsi, pour reconnaitre les services que la France lui a rendus, services au prix desquels notre politique s'est engagée dans une voie dont tout le monde peut aujourd'hui apprécier les conséquences funestes, certains diplomates, sacrifiant son intérêt à celui d'une nation aujourd'hui notre rivale, voudraient qu'elle consacrât ce qui lui reste de forces à aider la lutte armée de la Péninsule contre la coalition Allemande.

A l'heure où j'écris ces lignes, si tous les masques pouvaient se lever, si toutes les secrètes pensées pouvaient se dévoiler, on entendrait le concert de ces voix unitaires de Paris aussi bien que de Rome disant à la France : « Marchez, marchez toujours dans cette même voie qui déjà vous a été si funeste ; dans un jour de fatal aveuglement, vous avez fait l'unité Italienne ; par elle vous avez rendu possible cette unité Allemande qui vous a broyée dans une étreinte dont vous vous relevez à peine, sanglante et meurtrie ; n'importe, rattachez-vous à cette chimère en proportion des efforts, des larmes, du sang, des provinces qu'elle vous a coûtés !

· Il le faut, car l'unité, qui est la formule géographique de la révolution en Italie, est également nécessaire à la France révolutionnaire, pour qu'elle puisse trouver au-delà de ses frontières, un point d'appui suffisant de résistance aux tendances envahissantes de la réaction Européenne. »

Voilà la solution que des conseillers, qui se disent Français, osent proposer à notre pays, en présence du vainqueur, de l'étranger qui foule encore le sol de son territoire !

Mais nous faisons de la politique Française : En m'y arrêtant davantage, je croirais manquer au respect que je dois à ma patrie !

D'ailleurs, la lutte à outrance ne séduit pas dans une égale mesure tous les diplomates de l'avenir ; plusieurs, qui se piquent d'avoir des vues plus hautes et plus larges, ne se dissimulent pas l'impuissance de la résistance par les armes ; alors, et c'est ici que se présente le second des moyens proposés : Il faut demander à l'idée ce que le sabre ne peut donner ; il faut multiplier la propagande des doctrines radicales; il faut poursuivre avec une infatigable ardeur le but suprême de la révolution Européenne, la République universelle !

Dans ce but, que tous les initiés de tous les pays se mettent à l'œuvre, s'unissent résolument dans un effort immense ! Que l'ennemi, c'est-à-dire les peuples, ou plutôt les gouvernements qui sont encore aujourd'hui les plus forts, et qui représentent la réaction, que l'ennemi soit attaqué au cœur même de son existence, par les idées et les doctrines. On ajoute : « Que nos frères les révolutionnaires d'Allemagne se mettent de la partie, et qu'en ébranlant à Berlin, et sur tous les trônes, l'autorité des souverains qui ont gardé un reste de puissance, ils affaiblissent du même coup l'influence de l'Allemagne au-delà de ses frontières. Tous les peuples se lèveront en frères pour proclamer la république Européenne, et alors l'Italie, la France, délivrées de l'hostilité des têtes couronnées, tendront la main à leurs frères d'Allemagne, et n'auront plus rien à redouter de la présence et des conquêtes de l'étranger. »

Ainsi la révolution rêve la conquête universelle du monde ! Pour que les souverains ne nuisent plus aux nations, elle décrète la mort des souverains ; pour que les nations ne se nuisent plus entre elles, elle les supprime ! C'est bien là le programme que nous avons vu à l'œuvre de 1791 à 1848, et que l'on reprend aujourd'hui avec plus d'enthousiasme que de confiance, il faut l'ajouter ; car enfin les précédentes expériences n'ont pas eu un tel succès que la conversion du genre humain à la théorie révolutionnaire apparaisse aussi prochaine : sans parler des événements récents de Paris, dont trop de gens semblent oublier de tirer les conclusions, et en nous reportant simplement aux diatribes de Genève, de Bâle, de Naples, et autres congrès démagogiques, il est facile de voir ce que jusqu'ici ces théories ont entrepris de détruire : Tout le monde se demande encore ce qu'elles ont fondé.

A travers l'ébranlement général, et le malaise universel qui travaillent, sur tous les points, les intelligences et les âmes, il se dégage une voix, celle des peuples, des travailleurs, des masses souffrantes qui commencent enfin à comprendre qu'elles sont les victimes d'une colossale mystification. Cette voix, en voici le sens : « Vous voulez, au nom de la révolution, affranchir les peuples : Comment se fait-il que les peuples sont aujourd'hui plus inquiets, plus asservis, plus instables que jamais ?

Ces idées nouvelles auxquelles vous voulez contraindre les sociétés, en vous emparant de tous les pouvoirs, nous cherchons vainement quels profits elles nous ont donnés : vos ambitions personnelles, vos satisfactions égoïstes ont pu y trouver leur compte ; mais les peuples auxquels vous les sacrifiez, attendent encore la réalisation de vos programmes : à défaut du présent qui s'écroule sous nos pas, vous nous parlez de l'avenir ! Cet avenir nous vous le laissons, avec vos promesses ; rendez-nous le présent, c'est-à-dire notre part dans l'héritage commun des doctrines, qui jusqu'ici ont fait vivre les peuples : rendez-nous le droit de vivre ! »

Déjà, en effet, les frères et amis de l'idée nouvelle reconnaissent que le tempérament des peuples Européens n'est pas si révolutionnaire qu'ils se l'imaginaient. L'Allemand en particulier, peut se laisser prendre à de folles théories ; mais quand il s'agit de l'action, son sens pratique lui montre promptement qu'à les suivre, il fait fausse route ; il suffit d'avoir entendu le langage de ces hommes du Nord, pour être convaincu que, dans la conduite de chaque jour, les idées de bouleversement leur sont absolument antipathiques ; on se trompe grossièrement, quand, de l'existence d'un parti radical au-delà du Rhin, on conclut à la possibilité d'implanter en Allemagne la prédominance de la révolution. Que ces rêveurs se mettent à l'œuvre sur les bords de la Sprée, leurs frères de Paris verront bientôt les gouvernements du Nord se liguer contre eux, et se mettre en devoir de les écraser. Malgré l'énervement et la perturbation actuelle des Sociétés, il en serait de même sur tous les points ; toutes les crises de ce genre que l'Europe a traversées depuis un siècle nous donnent la mesure de la réaction inévitable qui les suit. Si par les hasards des événements, la révolution Européenne obtenait une victoire de surprise, le lendemain les peuples se trouveraient plus unis que jamais autour d'une idée, celle de se donner des gouvernements forts ; elle n'aurait ainsi travaillé qu'à vivifier ce qu'elle prétend détruire. J'en conclus que le souffle révolutionnaire de la France et de l'Italie, en lui supposant une puissance qu'il n'a pas en réalité, n'empêcherait point la Prusse et l'Autriche unies de se partager l'Italie, le jour où elles le voudront.

Une autre forme de résistance a été produite, forme assurément plus séduisante en apparence que les théories précédentes ; nous la trouvons formulée dans le langage officiel du représentant de la France, à une récente solennité internationale. C'est ce qu'on a appelé « l'Union des races Latines. »

Si on examine ce que cette formule signifie dans la pensée de l'organe de la diplomatie Française, on est amené à l'une de ces trois suppositions, les seules possibles : Ou, le représentant de la France, sous une formule ancienne, a prétendu indiquer une politique entièrement nouvelle, et sans précédent dans l'histoire ; dans cette hypothèse, pourquoi n'a-t-il pas jugé convenable d'expliquer sa pensée ? Pourquoi aussi, cette presse plus ou moins officielle qui prétend faire l'opinion publique, et qui lui jette si généreusement en pâture des expressions vides de sens, pourquoi cette presse a-t-elle livré au quatre vents de la publicité, sans se donner la peine de nous l'expliquer, cette phrase sonore : « L'alliance des races Latines? »

Au contraire le ministre de France aurait-il voulu rajeunir une vieille formule pour donner le change à l'opinion, et lui faire accepter plus facilement une théorie expérimentée depuis quelques années, sous le nom de politique des nationalités ? Alors nous demanderons si l'expérience que nous en avons faite, n'est pas suffisante pour nous en dégoûter à jamais. Cette doctrine dont les conséquences funestes sont désormais écrites dans notre histoire, à travers des pages de honte et de sang, cette doctrine que l'homme d'État qui est aujourd'hui la personnification du pouvoir, appelait naguère encore « une doctrine puérile et funeste, » de laquelle il annonçait avant qu'elle eût porté ses fruits « qu'elle serait la perte de la grandeur française; » cette doctrine néfaste qui a fait contre la France l'unité Italienne, et par suite l'unité Allemande, cette politique enfin dont les désastreuses applications tournées contre nous, ne pourront être réparées qu'après de longues années, et par les efforts de tout un peuple, serait-il donc possible qu'elle reparût encore, sous une forme déguisée, dans les secrets desseins de la diplomatie française ? Avec ce que vous appelez la politique des nationalités, comment ne voyez-vous pas que vous ne travaillez qu'à raviver, soit entre les peuples, soit, entre les diverses fractions d'un même peuple, — vous le voyez aujourd'hui par l'Autriche, — les haines et les antipathies séculaires ? Dix-huit siècles de civilisation n'ont pas réussi entièrement à éteindre ce levain de divisions qui s'agite dans les entrailles de l'humanité, et qui, en armant les unes contre les autres les races, les nations, les intérêts divers, a formé une des plus grandes calamités de l'histoire ; et aujourd'hui, malgré l'enseignement des faits récents, au milieu de toutes les autres causes de perturbation, on voudrait raviver ce foyer incessant des guerres intestines et nationales !

Autant vaudrait alors revenir à ces époques funestes, marquées par des haines de races, comme celles de Rome et de Carthage, et demander la solution suprême des destinées de l'Europe à des convulsions violentes du genre de celles dont les guerres Puniques nous apparaissent dans le passé païen, la lugubre expression !

Le paganisme n'est que l'histoire internationale de la conquête violente par les races les plus fortes, et de la résistance également violente des races les plus faibles, mais impatientes du joug de la conquête.

Il a fallu la religion du Calvaire pour inoculer une doctrine nouvelle dont les résultats devaient changer la face du monde ; sous son influence, nous allons voir ce qu'est devenue l'Europe.

Mais, pour ne parler ici que de la France, le caractère dominant de son rôle dans le monde a toujours été celui d'une puissance protectrice et médiatrice. Jusqu'à ces derniers temps, les peuples l'ont vue défendre, et soutenir les intérêts et les droits des plus faibles contre les plus forts, partout où ces droits étaient atteints, ou menacés. Les petites nationalités, sous toutes les latitudes, se reposaient à l'ombre de la grande nationalité Française ; sous le couvert de cette théorie éminemment pratique de la neutralité, les États moins bien partagés, étaient assurés de voir leurs droits respectés par ce qu'on appelait les grandes puissances. Voilà l'organisation que l'on prétend renverser par la résurrection païenne de l'antagonisme, qui, sous le masque des nationalités, va de nouveau mettre les peuples déjà faibles à la merci des agglomérations nouvellement formées par le hasard, ou l'ambition de quelques hommes !

Si par malheur cette théorie arrivait à prévaloir dans le droit Européen, c'en serait fait de la véritable civilisation, et surtout du rôle prépondérant que la France y a toujours tenu.

On répondra peut-être, et c'est ma troisième supposition : qu'il ne s'agit pas de créer une situation nouvelle d'antagonisme violent, et de ressusciter les guerres acharnées des époques barbares, mais seulement, en reprenant une tradition du passé, de puiser dans la communauté des intérêts et des idées, propres à ce qu'on appelle les races latines, un germe d'entente, une politique d'ensemble, et de faire ainsi prévaloir les idées connues sous le nom d'idées modernes.

En faisant appel au réveil des races Latines, on fait donc allusion à une situation internationale qui a des précédents dans l'histoire. Or, quand nous demandons à l'histoire quels ont été, dans le passé, les caractères et les causes de l'incontestable prépondérance des races Latines dans le monde, nous lui trouvons une double forme historique ; la première, c'est celle qu'a réalisée Rome païenne ; mais faut-il rappeler que le principe essentiel de cette union était la force, et que, par conséquent, l'union qui en résultait était factice, superficielle, n'aboutissant qu'à l'oppression des plus faibles, au profit d'un pouvoir prédominant ? Quoiqu'il faille tout attendre de la politique contemporaine, ce n'est peut-être pas là, (nous fera-t-elle cette grâce?) son idéal d'avenir. Quoiqu'il en soit, cette forme a tout-à-fait disparu, ne laissant des traces altérées que pour faire place à une autre forme d'union dont elle était destinée, dans les plans de la Providence, à préparer l'avènement.

En effet, à une époque que la raison moderne nomme encore une époque barbare, voici ce qui existait : Au centre de l'Europe, dans cette Italie, alors si grande, quoique toujours si inquiète et si convoitée, il s'est trouvé un pouvoir, qui, par une autorité morale librement acceptée, régissait à la fois des nations diverses : la Germanie, la Gaule, l'Orient, l'Espagne, tous les pays Latins déjà formés en nations guerrières et puissantes, souvent divisées par des haines et des jalousies de races et de frontières, unies pourtant par un lien commun, le respect des mêmes principes, d'une même justice et d'un même culte. Ce lien fidèlement gardé, et placé dans une sphère supérieure aux intérêts et aux besoins de l'ordre purement civil, a élevé la puissance de ces races à une hauteur telle, qu'elles sont devenues les arbitres de la civilisation : ce pouvoir, c'était le Pontife Romain : ce lien, c'était l'idée Catholique ; le pays de cette idée s'appelait la Chrétienté ; enfin cette œuvre magnifique c'était la mise en pratique de la doctrine nouvelle descendue du Calvaire.

En vertu de cette doctrine, d'ennemies qu'elles étaient, les nations sont devenues des sœurs, et font partie d'une même famille qui a son unité dans le Christ. Dès lors, il n'y a plus, ni Romains ni barbares, mais seulement, dans la distinction des nationalités, tous se reconnaissent comme les enfants d'un même père. Les passions humaines, cela n'est que trop vrai, n'ont pas cessé de se révolter contre cette doctrine ; mais, du moins, le monde l'a constamment entendu proclamer. A ses lumières, l'ère moderne a vu se former la civilisation pacifique ; si la guerre est demeurée une exception fréquente, la loi générale n'en était pas moins la concorde et la fraternité des peuples.

Alors, en effet, l'association et la prépondérance des races Latines est devenue une réalité : mais c'était à cette condition de demeurer en communication filiale avec le chef de l'Église nouvelle, qui reliait lui-même les évêques, et par les évêques les croyants de toutes les nations, dans l'unité d'une même foi, et d'une même charité. Par là, les peuples, divers quant à tout le reste, ne faisaient plus qu'un seul peuple, lorsqu'il s'agissait d'appliquer dans l'ordre moral ce qui avait été défini par l'Église.

Ainsi la nouvelle civilisation latine ou catholique offrait le spectacle d'une action à la fois une et universelle par le fait même de cette libre acceptation de la même loi morale, — conservée, interprétée, développée à Rome avec une autorité bien supérieure à celle de l'antique sénat du paganisme.

Pourtant cette grandeur de la mission du Sénat catholique avait été pressentie au cœur de la vieille cité païenne, initiée à la conception du juste et du vrai par le développement, dans son sein, de ce droit qui a reçu de l'histoire la plus belle dénomination qu'une œuvre humaine puisse recevoir, celle de « raison écrite. »

Tacite, le grand historien de Rome, à travers les siècles, nous a laissé l'expression magnifique de ce pressentiment mystérieux.

C'était à l'une de ces crises suscitées par les trop fréquentes compétitions des empereurs : Les soldats d'Othon, pour assurer sa victoire sur ses compétiteurs, lui proposent d'aller au cœur même de la Ville Éternelle attaquer le Sénat : Othon les arrête, et leur montrant Rome, il leur dit ces paroles célèbres, qui caractérisent d'avance la mission de ce Sénat plus auguste qui devait s'appeler l'Église : « La magnificence de cette ville, croyez-vous donc qu'elle consiste dans la beauté de ses monuments, dans l'étendue de ses habitations, dans la masse de ses pierres ? Que ces murailles muettes et sans vie tombent, ou demeurent debout, cela n'importe guère! L'immutabilité des principes, la paix du monde, mon salut, le vôtre, tout repose sur l'intégrité du Sénat (1). »

Ainsi cette loi d'unité, cette immutabilité des principes représentée par le Sénat de Rome païenne, l'action centrale de la hiérarchie ecclésiastique l'a reproduite, mais élevée par l'ordre surnaturel, et par conséquent, dans une forme plus parfaite, de sorte que le Sénat de Rome n'en a été que l'ébauche, et la lointaine préparation! et, qu'on ne l'oublie pas, c'est sur cette base que l'humanité a été assise à jamais : les applications extérieures et sociales en sont

---

(1) Quid vos pulcherrimam hanc Urbem domibus et tectis, et congestu lapidum creditis? Muta ista et inanima intercidere aut reparari, hæc promiscua sunt : Æternitas rerum et pax gentiûm, et mea, cùm vestra, salus incolumitate senatûs firmatur. (TACITUS. lib. I. *histor.* § 84.)

amoindries et contestées, mais elle n'a pas cessé d'être dans l'humanité un principe de vie organique, vital, pour ainsi dire dynamique : aussi la voyons-nous offrir le plus solide des points d'appui et la plus sûre des règles pour les constitutions sociales, et les entreprises de la politique ; et au contraire, nous voyons que tout ce qui s'en écarte, demeure frappé d'impuissance et de stérilité.

Cette réminiscence dans le langage officiel d'un des faits les plus saillants du passé, montre que la pensée moderne conserve le vague instinct de cette grandeur qui a caractérisé l'association des races Latines ; mais ce qu'elle semble avoir oublié, c'est l'origine de cette grandeur ; c'est pour cela qu'on ne comprend guère la pensée de refaire ces races en dehors, et contre ce qui a formé le principe et la cause génératrice de leur prépondérance : C'est comme si l'on voulait, avec les matériaux d'un édifice, le relever, moins sa pierre angulaire !

Mais ce n'est point sur ce type d'union des races Latines, qu'on cherche à frayer à la politique extérieure de la France une voie nouvelle : Le type en est hélas ! bien différent, et semble marqué de velléités de retour à l'état païen. Comment caractériser autrement les projets d'avenir que la révolution montre à l'Europe ? En effet cette propagande universelle dont on voit l'extension irréalisable sur tous les points du vieux monde, on propose de la limiter à certains groupes de peuples : on trouve bonnes pour l'expérience, ces nations Latines, les plus intelligentes, travaillées d'avantage depuis un siècle, par la révolution ; et c'est précisément sur cette fermentation que l'on compte pour les amener au but qu'on se propose.

A en juger d'après certaines révélations, on voudrait grouper les nations Latines en une vaste association, au nom, et au profit d'une confédération républicaine. — Mais la révolution prend soin de nous le dire tous les jours, ses idées sont la négation et la contradiction absolue à tout ce que ces peuples ont aimé et pratiqué pendant des siècles ; pour le triomphe définitif de l'idée, il faudrait faire disparaître ce qui leur reste encore de sang chrétien : cependant on prétend avoir raison des masses ; car, ajoute-t-on, il est facile de les tromper, et de leur imposer le programme de ce qu'elles doivent vouloir, pour servir les plans de ceux qui les mènent. On leur persuadera que pour faire équilibre aux colosses Moscovite et Allemand, il faut créer le colosse Latin : pour ce grand empire du midi de l'Europe il faudra un César Latin! Un jour, un diplomate d'au-delà des monts viendra apporter aux peuples fatigués d'agitations, le César révolutionnaire ; et le tour sera joué ; quand il n'y aura plus à abattre dans le vieux monde que deux ou trois têtes couronnées, la place sera faite pour le triomphe définitif de la république universelle !

Voilà la constitution Européenne que l'on nous offre pour l'avenir, en parallèle à l'ancienne organisation de l'Europe Catholique : voilà ces États-Unis de l'Occident, destinés à remplacer l'édifice du passé ! — L'heure viendra (elle n'est peut-être pas éloignée) où les peuples enfin réveillés de cette fatale torpeur qui les engourdit, comprendront le crime que l'on commet contre les nations, en prétendant leur enlever leur indépendance, leur autonomie, et jusqu'à cette distinction des frontières qui, avec leurs croyances, ont fait leur grandeur séculaire.

Cette suprême conception révolutionnaire échouera donc comme les autres : et Dieu veuille que les malheurs qu'elle amènerait, si elle trouvait les États de l'Europe assez abaissés pour la subir un instant, soient conjurés par un prompt retour des races Latines à ces principes tutélaires auxquels elles doivent leur histoire et, sans lesquels, elles n'ont pas d'avenir !

J'ai essayé de mettre en présence les deux formes sous lesquelles il peut venir à la pensée des hommes politiques de ressusciter le groupe des races Latines : la première de ces formes, celle qui se rattache au passé de l'Europe conservatrice et religieuse, rien ne nous autorise à la voir, dans la pensée des diplomates qui parlaient naguère au nom de la France. Quant à la seconde, il faudrait avoir perdu ce qui reste de sens politique même dans les sphères officielles, pour y trouver l'idéal prochain des destinées de notre patrie ! Malgré le courant fatal des utopies et des illusions, attachées à l'opinion du moment, il y a dans tous les partis un groupe d'esprits sincères, qui cherchent de bonne foi, les moyens de conserver à la France sa consistance à l'intérieur, et de la relever en face de l'étranger ! Ces sentinelles du patriotisme veillent, à l'heure du péril. Comme les dix justes qui sauvèrent Sodome, ils empêcheront le flot du vertige et de l'ivresse de tout submerger. Je ne veux pas croire pour l'honneur de mon pays, que les crises prochaines soient les crises de sa destruction : je les attends au contraire comme celles de sa régénération. Toutefois cherchant la valeur des moyens de salut qu'on nous offre aujourd'hui, sur le terrain international, je me demande encore ce que signifierait pour la France, et dans son intérêt, cette prétendue résurrection des races Latines qui ne seraient ni catholique ni révolutionnaire; mais alors, au nom de quelles idées, sous quel drapeau fera-t-on marcher ces peuples qu'on prétend ressusciter? où trouvera-t-on le point d'appui nécessaire pour contrebalancer les puissances Germaniques?

Avec une banale formule, en l'absence de toute idée vivante, comme celles qui autrefois faisaient lever les armées des Croisades et, hier la tourbe révolutionnaire, qui espère-t-on faire marcher, soit qu'on fasse appel à l'imagination des peuples du Midi, ou à la logique Française? Quels courages stimulera-t-on? quels enthousiasmes excitera-t-on? le « bourgeois » de Madrid, comme de Florence, de Lisbonne, comme de Paris, continuera de lire, au coin de son feu, les phrases sonores, les appels retentissants dans lesquels il ne verra avec raison, qu'une réminiscence archéologique, ou une grimace grotesque du passé.

Toutefois l'imagination de nos hommes d'État n'a pas dit son dernier mot sur cette théorie des races Latines:

Pour lui donner une application pratique et concordante avec les abaissements de la pensée moderne, voici qu'on vient d'imaginer de concentrer l'effort associé des nations latines, — on les nomme, — la France, l'Italie, l'Espagne, — sait-on vers quel noble but? Je ne fais que répéter ce qui est écrit dans des pages produites hier : Vers de vastes entreprises semblables à celles de Venise en Orient. Voilà l'expédient auquel on en est réduit, pour détourner de ces nations autrefois si familières avec les idées de grandeur, de prosélytisme et d'honneur, le trop légitime sentiment de leur infériorité actuelle vis-à-vis des vainqueurs Germaniques!

Les diplomates illustres qui, au commencement de ce siècle, préparaient, au nom de la France, les guerres d'Espagne, de Grèce et d'Algérie, et qui ont réussi à porter si haut l'influence du nom Français, et à lui ménager de nouvelles conquêtes dans les pays Orientaux, seraient fort surpris si, pouvant assister aux plans actuels d'une certaine diplomatie, qu'on tente de suggérer à la France, ils voyaient que l'énergie des races Latines n'a plus aujourd'hui d'autre issue que la préoccupation positive d'établir des « entreprises » sur les côtes lointaines! Fermer les yeux pour ne pas voir la main de fer des hommes du Nord qui cherche à s'appesantir de plus en plus sur nous; chercher dans les chances du trafic des compensations grossières à nos abaissements; quitter le champ de bataille Européen des luttes d'idées et d'influences dans lesquelles nous étions hier les porte-voix de la civilisation, pour nous faire un peuple de marchands, voilà donc où veulent en réduire la France ceux qui, au nom de la révolution, prétendent se mettre à la place de Charlemagne, de saint Louis, de Henri IV et de Louis XIV !

Quoi ! la France qui hier était, disait-on, assez riche pour payer sa gloire, ce qui veut dire apparemment qu'elle avait assez d'or pour faire les frais des idées généreuses qu'elle s'était donné la mission de propager dans le monde, la France, à bout d'idées, n'aurait plus d'autre ressource que ce travestissement ridicule de l'ancienne alliance des races Latines ! Mais en vérité, si elle veut faire du commerce en Orient, a-t-elle besoin de s'associer les financiers ou les politiques de l'Espagne et de l'Italie révolutionnées?

En présence d'un pareil abaissement de la pensée officielle, et d'une si prodigieuse décadence de l'opinion publique, dans cette France dont l'histoire respire à chaque page les inspirations généreuses, et les élans patriotiques, l'âme s'attriste, et l'on cherche avec une secrète angoisse, par quel mystère il se fait qu'un pareil passé nous ait légué un si triste présent !

Cependant la question à résoudre est toujours là, devant nos yeux, avec sa poignante réalité: Il s'agit de savoir ce qui l'emportera définitivement, ou de cette civilisation du Nord issue de l'esprit de secte et de révolte, formée de froids calculs, d'égoïsmes intéressés, fruit d'un lent et irrésistible travail d'envahissement souterrain, à qui tous les moyens sont bons, et qui mettant au service de son insatiable ambition, d'incontestables qualités, semble aujourd'hui autorisée à regarder l'avenir avec confiance, ou bien de ces vieilles races Latines, fermentées il est vrai par plusieurs siècles de révolutions religieuses et civiles, mais toujours vivantes malgré tout, au centre et au midi de l'Europe, lesquelles fondées sur l'esprit d'initiative et de propagande, sur les aspirations généreuses de l'ancien prosélytisme catholique, cherchent péniblement les voies de l'avenir et attendent une parole de résurrection ?

V

De tout ce qui précède, faut-il conclure que la question que nous cherchons à résoudre est insoluble, que la Famille latine est condamnée à une inévitable déchéance, et que la France, la grande initiatrice du passé, n'a plus qu'à courber la tête en présence d'une fatalité irrésistible, en se résignant à subir toutes les surprises du dehors?

A Dieu ne plaise! J'affirme au contraire que nos chances de résurrection sont entre nos mains, et j'ajoute qu'elles sont proportionnées à la sincérité avec laquelle nous ferons prédominer sans retard, dans les questions extérieures, l'esprit conservateur sur l'esprit révolutionnaire. Malgré nos malheurs, la parole de la France ne retentit pas vainement en Europe. Que l'Europe entende cette parole aujourd'hui, non plus, sous une forme qui l'inquiète et l'épouvante, mais marquée au cachet de l'honneur, de la sincérité; aussitôt il se fera dans le monde une transformation dont nul ne peut calculer les conséquences.

Mais quel doit être ce langage; à qui doit-il s'adresser?

A l'Europe, répondrons-nous, mais par l'intermédiaire de l'Italie. Par un concert diplomatique analogue à celui que la diplomatie Vénitienne entreprit il y a trois siècles, la France et l'Italie ont à dissoudre aujourd'hui l'alliance de Gastein, comme Venise réussit à dissoudre la ligue Européenne qui menaçait alors son existence.

L'analogie des circonstances autorise à rappeler cet acte demeuré dans l'histoire comme l'un des plus éclatants succès de cette diplomatie déjà renommée par son habileté.

C'était au temps du pape Jules II: Comme aujourd'hui, le pouvoir temporel de la papauté, aussi bien que l'indépendance des divers États de la Péninsule courait de grands dangers. A cette époque, je ne sais quelle fatale inspiration poussait, non plus les Lombards d'autrefois, non pas encore le Piémont révolutionnaire, mais la France et ses souverains, à convoiter sans cesse cette Italie dont ils s'étaient imaginés faire un des plus beaux joyaux de leur couronne. Louis XII, désireux de venger les défaites de Charles VIII, avait réussi à chasser du Milanais, Louis Sforza, et il menaçait la Romagne. Jules II, ce pape guerrier, qu'on a si fort blâmé d'avoir vaillamment soutenu ses droits, se mit lui-même en campagne, à la tête d'une armée disciplinée. En peu de temps il reconquit Bologne et Pérouse ; mais les défaillances se multipliaient autour du Pontife ; Venise, profitant du désarroi où se trouvait la Péninsule, crut le moment favorable pour s'emparer à son tour de la portion des domaines pontificaux qui avoisinaient le littoral de l'Adriatique. Jules II, voyant sa situation ébranlée de toutes parts, imagina ce coup de politique mémorable, d'intéresser la France à sa cause, en mettant en jeu son intérêt personnel ; son appel fut entendu. La ligue connue sous le nom de Ligue de Cambrai, fut formée en 1504, contre Venise, entre la France, l'Allemagne, la Suisse, l'Angleterre et l'Espagne. La fière République déjà battue dans la fameuse bataille d'Agnadel par les armées alliées, voyant la croisade diplomatique couronnée de succès, comprit que son intérêt bien entendu exigeait qu'elle ne s'obstinât point à une lutte impossible. Le grand conseil délibéra sur ce grave parti, au milieu de l'émotion de la cité ; bientôt prévalut l'avis qu'il fallait enlever tout prétexte à une alliance qui mettait en péril l'existence même de la République ; pour cela il n'y avait qu'à rendre au Pape les provinces qu'on lui avait prises ; seulement la Seigneurie demandait au Pontife de lever l'interdit qu'il avait mis sur la République, et de dissoudre lui-même la ligue qu'il avait formée.

La décision du Grand Conseil fut portée à Rome par des ambassadeurs, qui reçus en grande pompe au Vatican, firent entre les mains de Jules II la remise solennelle des villes de Faënza, Ferrare, Rimini et autres, qui avaient été un moment distraites de sa domination. Aussitôt cette satisfaction reçue, le Pape acquiesçant à la requête des ambassadeurs, se mit en devoir de disperser la coalition qui devenait sans objet par la rentrée des Vénitiens dans le devoir.

Jules II pria les alliés de rendre la paix à la République ; Louis XII qui poursuivait ses idées de conquêtes, refusa d'acquiescer à la demande du Pontife : néanmoins le Pape réussit à détacher de l'alliance les Suisses, les rois d'Espagne et d'Angleterre ; et en 1511, une nouvelle alliance se conclut dans laquelle entra Venise associée à l'Espagne, à la Suisse et au gouvernement Pontifical.

Aujourd'hui comme il y a trois siècles, la dépossession violente de plusieurs souverainetés légitimes, au premier rang desquelles figure le Principat temporel du successeur de Jules II, expose l'Italie aux entreprises redoutables d'une coalition formidable ; la ligue des empereurs d'Allemagne et d'Autriche tient en échec cette unité façonnée sur les ruines de tant de droits légitimes : car si la Prusse croit avoir besoin de l'Autriche pour conserver l'Allemagne ; l'Autriche, en s'alliant à elle, prétend surtout, nous l'avons vu, défaire l'Italie à son profit personnel.

Il existe un moyen infaillible de déjouer cette coalition : Ce moyen consiste à négocier diplomatiquement la transformation immédiate de l'unité révolutionnaire de la Péninsule en son unité morale et conservatrice, sur la base de la création d'une Italie du Nord, sous le sceptre de Victor-Emmanuel, y compris le Milanais et la Vénétie, mais en y joignant la restauration de toutes les autres autonomies nationales, et l'établissement d'une fédération, à la tête de laquelle serait placé le Souverain-Pontife, rétabli dans la plénitude de son autorité temporelle.

A la lecture de ces lignes, je vois plus d'un lecteur crier à l'impossible, et m'accuser d'outrager la majesté du fait accompli.

Je les prie de poursuivre cette lecture avec patience : je fais appel ici à la raison de chacun, et non à ses passions : c'est cette raison que j'adjure de déclarer, après avoir lu ces pages, où est ici « l'impossible », et ce, qu'en présence de deux millions de soldats prêts à marcher contre elle, si c'était nécessaire, il faut penser de la solidité de ce colosse aux pieds d'argile, qui se nomme, l'Italie révolutionnaire !

Je poursuis donc ma thèse, et voici en quels termes avant de réfuter les impossibilités prétendues, je comprends que la France pourrait ouvrir avec le roi de Piémont des négociations loyales et sérieuses :

« Choisissez entre la ruine inévitable de votre unité, qui avait hier le droit contre elle, et qui trouve aujourd'hui l'Europe sur son che-

min, ou bien le maintien de cette unité par sa transformation, c'est-
à-dire sa conciliation, d'abord avec la justice, ensuite avec l'intérêt
de l'Europe. Comptez sur la France pour vous garantir ce que vous
avez acquis légitimement par les traités de Prague et de Zurich.
Mais, pour prix de cette garantie, restituez à tous les princes déposs-
sédés, ce que vous leur avez pris par la force ou par la ruse. Si vous
persistez à défendre l'unité violente, dont vous n'osez vous-même
appliquer toutes les conséquences, vous avez contre vous toutes les
forces réunies, forces morales et matérielles. Alors, vous êtes sans
armes contre la révolution qui s'est servie de vous pour se ménager
une proie qu'elle convoite et qu'elle vous arrachera demain. Si, au contraire, vous savez vous contenter de l'unité morale, c'est-à-dire de l'Italie septentrionale, avec la confédération des autonomies restaurées de
la Péninsule, outre la garantie efficace de la France vous retrouvez la
sympathie de l'Europe conservatrice, vous désarmez l'Autriche, vous
ouvrez la voie à la réunion pratique des races centrales de l'Europe
dans laquelle vous trouvez votre place de concert avec la France et
l'Autriche ; alors, vous n'avez plus rien à redouter, soit de la révolution, soit des entreprises Allemandes ; en un mot faites ce que fit Venise
il y a trois siècles, pour les provinces qu'elle avait usurpées ; alors,
de cette Italie unitaire, sur laquelle vous n'avez que le droit de la
force, vous céderez de bonne grâce aujourd'hui ce que demain, après
une lutte sanglante et impuissante, vous seriez obligé de céder, con-
traint par une force supérieure. A ce prix seulement, vous assurez
l'avenir de votre maison et celui de votre couronne. »

Si ce langage est compris, la situation générale de l'Europe se
trouve immédiatement transformée à l'avantage commun de la France
et de l'Italie, par un des plus éclatants triomphes que la diplomatie
aura jamais remportés !

En premier lieu, l'édifice des puissances du Nord est frappé au
cœur ; la prépondérance de l'Allemagne reçoit un coup décisif.

L'Autriche désintéressée de son alliance avec la Prusse, se trouve
naturellement amenée à se rallier à la France, pour pratiquer, d'accord avec elle, les glorieuses traditions d'honneur et de justice, et
redevenir par là, pour tous les peuples, sans distinction de races,
l'appui et le centre d'attraction de toutes les faiblesses opprimées,

en un mot, de tout ce qu'il y a de plus honnête et de plus élevé dans l'humanité.

De si importantes conséquences méritent qu'on s'y arrête.

Je dis, en premier lieu, que renverser la forme révolutionnaire de l'Italie, c'est saper par sa base le colosse Germanique ; oui, rétablir l'ordre et la justice au Midi, c'est percer à jour le vice de l'édifice du Nord. L'Allemagne, aussi bien que l'Italie, sont deux créations qui n'ont été possibles que par la violation du droit. J'en appelle aux témoignages Allemands eux-mêmes, aux protestations des souverains et des peuples dépossédés, le Hanovre, le Sleswig-Holstein, etc.

Pour faire ressortir davantage le côté faible de l'unité Germanique, s'il était besoin d'une autorité non-suspecte, j'invoquerais l'appréciation d'un des principaux organes de la publicité Allemande : la même feuille déjà citée ; voici ce que j'y trouve : « Le droit est le côté faible du nouvel Empire, parce que son établissement a été précédé par la destruction des États qui lui avaient gardé fidélité. La confiance ébranlée par là ne peut se relever qu'à la condition que la Prusse se détermine à un acte magnanime de justice, c'est-à-dire à rappeler les Princes Allemands chassés de leurs États en 1866, à rétablir les autonomies renversées, et à en prendre les princes pour collègues dans l'Empire ; à ce prix, seulement, la confiance peut succéder dans les autres États annexés à la crainte qu'ils ne soient absorbés dans l'omnipotence de la Prusse, aux dépens de leur liberté et prospérité.

Dans la forme actuelle, en froissant l'historique développement de l'Allemagne, la Confédération ne fait que la mener irrésistiblement à l'état unitaire ; mais par là elle foule aux pieds la liberté de tous, et constitue une insulte à la civilisation Européenne.

La consécration d'un pareil état de choses ne peut être qu'un défi à toutes les espérances d'une paix durable en Europe. La liberté, si elle est véritable, est inséparablement liée avec le droit. Dans l'unité, telle qu'elle se formule aujourd'hui, il n'y a point place pour la vraie liberté ; depuis 1866 le parti de l'unité l'a foulée aux pieds, au profit de ses préférences politiques, et de ses idées utilitaires : il a montré qu'il n'a pas l'intelligence du dévouement et de la fidélité qui lient les peuples à leurs Princes héréditaires.

Il y a donc lieu de craindre que par l'affaiblissement des sentiments du droit et de l'attachement des peuples à la souveraineté, ce parti ne fraie le chemin à la révolution ! »

Voilà l'unité Allemande jugée par un Allemand.

Si M. de Bismarck a lu ces lignes, et, au cas où sa raison aurait cette qualité de n'être pas, selon l'expression de Bossuet « courte par quelque endroit, » peut-être sentira-t-il quelque inquiétude se mêler à l'orgueil de ses triomphes...

C'en est assez pour autoriser quiconque voit clair, c'est-à-dire au-delà de l'heure présente, à regarder le colosse du Nord avec moins d'effroi que le grand nombre de ceux qui croient à l'éternité de la force.

En fait, si les Confédérés de l'Allemagne voyaient demain les petites nationalités reparaître sous l'action d'une politique tutélaire et réparatrice de la France, des revendications se produiraient, de façon à briser toute entrave opposée soit par la ruse, soit par la force.

Mais ce n'est pas tout, et c'est ici la seconde conséquence qui mérite une égale considération :

Que l'unité révolutionnaire de l'Italie vienne à disparaître, à l'instant la coalition Germanique devient sans objet pour l'Autriche ; en effet l'Italie cesse d'être pour elle une voisine rivale et suspecte ; elle y retrouve les autonomies qu'elle a toujours travaillé à y maintenir autant qu'elle l'a pu ; l'exécution du Traité de Zurich lui rend au Midi ses alliés péninsulaires ; alors, désintéressée par la force des choses de la pression Germanique, elle rentre naturellement dans le concert des races Latines ; et ce fait devient le point de départ pratique de la nouvelle politique qui doit servir à relever au profit des nations du centre et du midi, l'Équilibre général violemment rompu par la prépondérance actuelle de l'Allemagne.

Est-il besoin de s'étendre longuement sur les conséquences d'un pareil événement, par rapport à la France ?

Il est évident que cette victoire diplomatique lui donnerait vis à vis de l'Europe la revanche morale qu'elle ne peut maintenant demander à ses armes, et qu'ainsi, elle retrouverait dans le Concert Européen la place souveraine qu'elle y a perdue par ses fautes et ses malheurs.

Alors, unie à une puissance de douze millions d'habitants, l'Italie du Nord, sans parler du concours des diverses nationalités de la Péninsule reconstituées ; unie à l'Autriche, la nation sœur de sa politique, la France pourrait enfin entrevoir le jour de sa revanche militaire, et la revendication des provinces que ses récentes défaites viennent de lui ravir.

Je signalerai un dernier résultat de cette politique réparatrice : L'accord sympathique des puissances Catholiques rendues à leur naturelle association, rendrait enfin possible la solution d'un grave problème qui pèse lourdement aujourd'hui sur les chancelleries Européennes : Je veux parler de la Question Romaine.

Mais ce point de vue mérite une mention spéciale : le lecteur me permettra de m'y arrêter un instant.

VI

La politique nouvelle que je sollicite de la France, en amenant pour la question Italienne le dénouement qu'on vient de voir, résoud également la question Romaine : et ces deux solutions réunies dénouent toutes les complications qui font aujourd'hui le malaise Européen.

Cette question Romaine que je retrouve sur mon chemin, je ne l'éluderai pas plus que la France ne peut lui échapper : Je dis que cette nouvelle politique en Italie, facilite pour la France l'accomplissement du devoir qui, en vertu de ses traditions et de ses engagements, lui incombe envers la papauté. En effet, à l'état de choses anormal qui dans ces derniers tempss, mettait la France seule entre l'Europe et Rome', cette solution lui permet de substituer la reprise des traditions séculaires, en vertu desquelles, nous l'avons vu, les races Latines ont été associées pendant de longs siècles, à cette grande œuvre de défense et de protection.

Quand nous parlons d'un concert Européen, dans l'intérêt de la papauté, il ne s'agit pas, qu'on l'entende bien, d'une question religieuse : tout a été dit à ce point de vue. Je n'ai pas à l'aborder dans un écrit dont le caractère est politique : je prends cette question, au point où l'ont laissée tous les hommes d'État qui l'ont traitée depuis vingt ans, avec le regard élevé et impartial qui seul rend possible le succès des combinaisons politiques. Donc, s'il est un fait politique aujourd'hui admis de tous, hormis de ceux qui sont dominés par les passions et les compromis révolutionnaires, c'est que, sous sa double forme temporelle et spirituelle, le pouvoir Pontifical est une nécessité pour l'équilibre, et le repos du monde ; en effet le principe qui fait les nations viables, raisonnables, guérissables, la Papauté le tient en sa main, parce qu'elle en a recueilli à la fois dans les annales de l'humanité, nous l'avons vu, à travers les philosophies, les parlements, les pactes sociaux et politiques de tous les âges, les débris épars, dont elle a formé un faisceau lumineux, en le fécondant de sa lumière révélée. Elle possède, en un mot, le trésor intégral des vérités morales et sociales, auxquelles les peuples ne peuvent se soustraire, sans poser eux-mêmes les principes de leur décadence. Il ne s'agit donc pas ici de mysticisme ni de théocratie, comme on cherche à le persuader aux masses ignorantes, dans un langage intéressé et perfide : Il ne s'agit pas de demander au passé un état de choses qui dépasse la mesure des temps présents : Il ne s'agit pas avec des sentiments, et de l'enthousiasme, de rattacher les peuples à une organisation contraire aux légitimes prétentions des sociétés humaines, ni de les détacher de leurs patries temporelles : Il s'agit seulement de rendre des bases raisonnables à l'état présent, et à l'avenir des nations !

Pour que le monde se tienne debout, il importe de sauvegarder les principes généraux de morale, de justice, de droit, de liberté dont la violation, sous nos yeux, produit l'ébranlement de tous les États à la fois. Il importe d'empêcher qu'en un jour d'ivresse ou de fureur, la foule envahissant le sanctuaire de la justice, ou la tribune du Parlement, puisse se croire autorisée à fonder une constitution populaire sur des bases comme celles-ci : « La volonté du peuple est sacrée, quand même elle prescrirait le crime ou la démence ; le nombre seul fait la loi ; la force prime le droit ; le fait accompli est légitime. »

Toutes les fois que la Papauté a élevé la voix dans l'intérêt de la morale sociale, elle n'a fait autre chose que de réagir contre de pareils écarts : ainsi Elle n'a tendu qu'à affermir l'existence des sociétés temporelles. C'est sous son influence que les races Latines ont été, nous l'avons vu, maîtresses de la civilisation. Si tout cela est vrai, il devient évident que l'existence des peuples, aussi bien, dans l'avenir que dans le passé, se trouve liée à l'existence de la Papauté, parce qu'aucun homme ni aucun peuple ne peut se soustraire à l'empire de la morale universelle.

J'ajoute que cette morale ne peut pas être seulement humaine : Il faut qu'elle se rattache à un principe supérieur, sous peine de dépendre du caprice des hommes, ou de la volonté d'un despote, prince ou peuple. Il faut qu'elle trouve, au centre de l'humanité, un point d'appui inviolable ; et ce point d'appui ne peut être autre que l'institution religieuse qui a son chef à Rome. C'est en ce sens que l'Universalité de la morale implique nécessairement une patrie commune, dans une sphère supérieure aux frontières et aux intérêts humains, sans pourtant leur créer d'antagonisme, puisque l'intérêt des États particuliers ne peut être contradictoire à l'ordre général.

De cette universalité des lois morales, on est amené à conclure que le caractère de leur suprême représentant doit être une entière indépendance à l'égard des gouvernements temporels; pour que la voix qui les proclame puisse parvenir à toutes les extrémités de la terre, à travers les frontières, au-delà des contradictions que peuvent lui susciter les passions humaines, il faut que cette voix soit placée dans des conditions de souveraine liberté : Pour que cette liberté soit véritable, il faut que le chef spirituel ne dépende d'aucun pouvoir humain. Voilà comment le pouvoir temporel est tout à la fois une nécessité pour assurer la liberté de la papauté, ainsi que la liberté du catholicisme, et, en même temps, un gage nécessaire de paix et de sécurité pour les États de l'Europe.

La révolution, avec un acharnement que nous comprenons, emploie tous les moyens pour affaiblir l'institution de la papauté, parce qu'elle sent que là est la clef de voûte de l'édifice social qu'elle prétend renverser; dès lors c'est un devoir pour tous ceux qui s'intéressent aux conditions d'avenir et de durée des nations de redoubler d'ardeur, et d'énergie à la défense de cette Arche de la nouvelle alliance!

La France y a son poste d'honneur depuis de longs siècles : si, dans des jours de crises, elle a pu avoir des défaillances passagères, qu'elle saisisse l'heure qui lui est donnée pour reprendre ce poste, en adoptant avec empressement une combinaison politique, à la faveur de laquelle les autres puissances conservatrices de l'Europe pourraient être associées avec elle, comme elles l'ont été autrefois, à la garde de l'Église, et du Pontificat Romain.

L'entente des divers membres de la Famille Européenne sur des bases communes de politique, comme cela aurait lieu par la réunion des intérêts de la France, de l'Autriche, de l'Espagne, de l'Italie, cette entente servirait merveilleusement à préparer la solution du grand problème dont le nœud est à Rome, en substituant à l'action exclusive de la France, la garantie collective de toutes les puissances

Catholiques, garantie qui comprendrait tous les moyens moraux et matériels d'assurer son existence.

Quelle puissante considération se joint donc ici à toutes les autres pour motiver l'initiative énergique et conservatrice de la politique Française ! Je ne fais d'ailleurs à cet égard que m'appuyer sur les paroles du Chef du pouvoir exécutif, paroles qui ont retenti naguère du haut de la tribune, et qui ajoutent un nouvel anneau à cette longue chaine des traditions et des engagements de la France envers Rome.

Dans ce discours que l'on n'a pas oublié, M. Thiers indique d'abord la nécessité de bons rapports entre le gouvernement de la France et celui de l'Italie, et il ajoute : « Je vous promets de faire de mon mieux : je vous promets d'apporter dans ces relations ce que doit apporter un gouvernement de raison. Nous n'avons pas la prétention d'être autre chose : Issus de la nécessité qui nous domine dans le moment ; produit modeste mais dévoué de cette nécessité, nous ne pouvons nous vanter que d'une chose, c'est, je le répète, d'être un gouvernement de raison, et nous tâchons de nous conduire sous cette inspiration qui, je le crois, est celle que les gouvernements, dans le monde entier, devraient toujours prendre pour leur guide et leur directrice. »

Puis, à l'interprétation de ces paroles faite par l'évêque d'Orléans, de manière à justifier la confiance des défenseurs de la cause pontificale, M. Thiers répond : « J'accepte votre confiance à cette double condition : La politique de mon pays sauve, cette politique sauve dans toute sa sagesse, et l'indépendance du Saint-Père défendue autant que nous le pourrons dans une situation que nous n'avons pas faite. »

Ces paroles qui, sainement interprétées, tracent la conduite d'un gouvernement « de sagesse et de raison », je les invoque aujourd'hui, et les rapprochant de la conviction bien connue de M. Thiers, au sujet du Principat Pontifical, c'est sous leur patronage que je place la mise en œuvre de la politique nouvelle que je crois imposée à la France par l'alliance de Gastein.

Si, ce qu'à Dieu ne plaise, les paroles que je viens de citer n'avaient pas le sens que la France conservatrice leur attribue; s'il n'était pas vrai que dans la mission du gouvernement que la France s'est donné, il entre pour une large part le devoir de replacer la politique Française vis-à-vis de l'Europe dans une ligne réparatrice, qui, au lieu de susciter les défiances, lui concilie les sympathies, au lieu de perpétuer son isolement, lui fasse retrouver des alliances ; si, aux yeux de M. Thiers, les mots « sagesse et raison » ne signifiaient autre chose que défaillance, inertie, politique à double sens, alors, hélas ! les événements se chargeraient vite de montrer le néant d'une pareille sagesse ; alors, à ceux qui, voyant ce que nous voyons, ont le courage rare aujourd'hui de dire ce que nous disons, à travers le flot toujours montant de l'ignorance, de la torpeur et de l'inertie, à ceux-là resterait le droit de demander acte à notre pays que ces choses lui ont été dites, lorsqu'il en était encore temps, et d'en appeler à l'avenir !

De ces deux politiques, l'avenir dira laquelle valait mieux, de celle qui courbe la tête au nom de la France, s'annihile volontairement, enfin place tout son art à éluder les questions capitales, et les solutions décisives par la crainte de la difficulté du devoir, ou bien de la politique qui prend pour devise : « Faire ce qu'on doit, laisser le reste à Dieu ! »

En s'inspirant de cette pensée, nos pères disaient : « Les hommes combattent ; Dieu fait la victoire. » — Il en est de la politique comme de la lutte du champ de bataille : L'honneur du triomphe n'appartient qu'à ceux qui ont été à la peine du combat ! Ce que « la sagesse et la raison » des hommes ne peuvent pas faire toutes seules, Dieu le fait avec elles !

VII

Toutefois, pour justifier ma thèse, ce n'est pas assez de présenter les considérations, et les arguments destinés à l'appuyer ; il faut encore faire justice de la résistance qu'on ne manquera pas de lui opposer au nom des faits, et des objections avec lesquelles, ne pouvant la détruire, on va lui dire : Vous ne passerez pas !

A la théorie actuelle on dit : Vous ne prévaudrez pas : C'est impossible : Pour que la France réussisse à défaire l'unité Italienne, il faut que l'Italie y consente ; or les révolutionnaires n'y consentiront jamais. » — Que la révolution ne veuille pas d'une Italie conforme au droit, c'est là un fait incontestable ; mais je n'en tire pas la conclusion que cette solution est impossible ; je constate seulement que c'est ici le nœud des solutions de l'avenir ; oui, aussi bien pour l'équilibre général de l'Europe, que pour l'avenir de la France et de l'Italie, il s'agit de savoir si le triomphe définitif appartiendra aux intérêts véritables de ces nations, ou bien aux utopies révolutionnaires ; mais en présence de cette question, et à cause d'elle précisément, ne suis-je pas d'autant plus autorisé à affirmer que l'Italie révolutionnaire ne doit pas, ne peut pas durer.

Car enfin l'alternative est entre ces deux hypothèses : ou bien les gouvernements et les peuples sont absolument condamnés à se précipiter en aveugles dans le gouffre où la révolution veut tout engloutir ; et c'est ce qu'il n'est pas permis de prétendre, sans faire la plus sanglante insulte à ce qui subsiste, dans le monde, de moralité, de dignité, de liberté, et j'allais ajouter, à la providence ; ou bien ce qui est heureusement la vérité, les gouvernemens, comme les peuples, ont conservé, malgré de déplorables entraînements, assez de clairvoyance, de moralité et d'énergie pour ne pas se laisser entraîner au fond de l'abîme; et alors, dans ce duel à mort entre ces deux forces opposées, la victoire définitive restera à l'esprit de conservation sur l'esprit de révolution !

Quand donc, on vient dire que, ni la France, ni l'Italie ne veulent d'autre solution que l'État actuel, je réponds qu'on calomnie aussi bien l'une que l'autre de ces nations. La pensée d'un peuple ne s'apprécie pas, d'après le langage de ses sectaires, de ses journalistes, et encore moins par cette puissance aussi méprisable qu'elle est redoutable, et qu'on nomme : l'opinion du moment.

Malheur aux gouvernements qui mettent au premier rang la préoccupation de caresser toujours cette apparence d'opinion publique, et qui, dans ce triste souci, oublient le premier de leurs devoirs, celui de protéger, conserver et défendre les intérêts véritables. Donc, dans cette question, question capitale pour l'avenir de deux grandes nations, quelles que puissent être l'ivresse du moment, et les illusions des masses, c'est aux gouvernements qu'incombe le devoir de s'arrêter dans cette voie des coupables complaisances, et de dire à la révolution : « Vous n'irez pas plus loin ! »

A l'impossibilité d'une solution réparatrice, j'ose donc en opposer une autre : la voici : Quelles que soient les futures conditions de l'ordre Européen, comme cet ordre ne peut être durable, et sérieux sans que la morale, la conscience et le droit y retrouvent leur place, il s'ensuit que l'avenir de l'Europe ne peut s'accommoder de la prolongation de l'état de choses actuel en Italie, lequel ne repose que sur des combinaisons factices et violentes, et a pour origine la violation de tous les principes sur lesquels reposent les sociétés.

J'ajoute que si l'objection devait être suivie d'une réalisation dans les faits, si cette politique de l'unité morale substituée à l'unité révolutionnaire ne devait pas prévaloir, ce serait parce que l'Italie aurait été tellement coupable, qu'elle n'aurait même pas mérité l'ancre de salut qui, à l'heure présente, lui est providentiellement offerte : Dans ce cas, il faudrait regarder sa condamnation comme définitive ; alors, broyée sous les pieds des chevaux, et les coups de ces hommes du Nord, chargés d'exécuter contre elle la sentence de cette condamnation, elle serait destinée à être immolée, humiliée, déchirée, au jour marqué d'en haut, comme elle a elle-même humilié et immolé les droits les plus sacrés, les principes les plus essentiels, les peuples ses victimes, et enfin au premier rang de tout, la majesté suprême de la Papauté !

En d'autres termes, si ce que nous demandons est impossible, comme on le dit, c'est parce que Dieu ne permettra plus un moyen de réparation, et une forme quelconque de salut pour cette œuvre d'iniquité dont le monde a cru le succès assuré, parce qu'il ne voyait pas que l'heure de l'expiation était différée, afin de lui ménager la possibilité du retour ; alors, n'ayant plus sa place possible dans le concert de l'ordre Européen, l'édifice de l'unité Italienne périra par la force, comme il s'est élevé par la force : mais, qu'on n'accuse pas de sa destruction l'Eglise ou la Papauté ; sa ruine, il ne la devra qu'à lui-même, et à son aveuglement !

Pour tout résumer en un mot : si l'unité incapable de transformation, devait voir se réaliser : « l'impossible » qu'on objecte, en son nom, « cet impossible » retomberait sur elle, pour la condamner, et l'écraser à jamais !

Mais quelque doive être la réponse de l'Italie, en supposant qu'elle oppose une barrière irrésistible aux propositions de salut qui lui seraient apportées demain, cela ne veut pas dire que la volonté de la France soit contrainte de demeurer liée à celle d'un peuple aveugle, se précipitant volontairement dans l'abime. En effet, il ne s'agit pas pour la France de s'engager à faire prévaloir la politique réparatrice : Il s'agit seulement pour elle, et pour se dégager de la complicité du passé, aussi bien que d'une compromission morale dans des désastres inévitables, de montrer à l'Europe ce qu'elle veut pour l'Italie, dans l'intérêt général, et de mettre en œuvre tous les moyens d'action pour arriver à ce but. Il s'agit de profiter de cette occasion unique que la Providence lui offre de chercher à réparer le mal qu'elle s'est fait à elle-même, et qu'elle a fait à l'Europe par sa participation à l'œuvre révolutionnaire ; il s'agit de chercher à reprendre, grâce à cette attitude sincèrement conservatrice, la prépondérance que l'Europe lui reconnaissait jusqu'au jour où, par ses complaisances fatales pour une politique d'aventure, elle l'a volontairement amoindrie.

D'ailleurs en prenant cette attitude nouvelle, qu'est-ce que la France peut redouter du côté de l'Italie ! Une fois séparée de la politique Française, la cause Italienne est perdue, c'est vrai ; mais dans ce cas, la responsabilité n'en incombera pas à la France ; d'autre part, l'Europe lui saura gré de ses efforts loyaux ; ces efforts seront le point de départ des alliances dont elle a un si grand besoin.

Ainsi, quoiqu'il arrive, la France, se ménage la tâche honorable, la seule conforme à ses traditions, d'avoir tenté d'arracher à la ruine un peuple aveugle et coupable. Enfin, et sur ce point je devrais au moins rencontrer la sympathie des politiques de l'heure présente : par cette attitude énergique, la France échappe au rôle indigne d'elle, d'être la spectatrice muette et impuissante d'une conflagration dont le résultat serait la ruine de l'Italie, et dont les conséquences, pour elle, seraient un nouvel amoindrissement aux yeux de l'Europe.

De ce qui précède je conclus : Que le mot « impossible » soit prononcé par le cabinet de Florence ; ce n'est point une raison pour qu'il le soit par le cabinet de Versailles.

VIII

Mais on insiste : On dit : (Et c'est là la seconde objection qui, pas plus que la première, ne doit demeurer sans réponse;) on dit : Convient-il à la France de détruire de ses propres mains, ce qu'elle a fait avec le sang de ses soldats, avec son argent, et l'influence de sa diplomatie ?

Ceux qui attachent quelque valeur à cette objection, oublient d'abord que l'œuvre de la France en Italie depuis douze ans présente un double caractère, et encore plus, une double phase que l'histoire consacrera : dans les événements dont l'Italie a été le théâtre, ce qui se dégage aux yeux de l'observateur impartial, c'est d'une part, une nation qui s'affranchit du joug de l'étranger, et qui, au prix de légitimes efforts, reconquiert la plénitude de son indépendance ; oui, la politique Française a voulu ce résultat ; grâce à son concours, cette indépendance a été restaurée : mais pourquoi faut-il que le cours des événements lui ait fait perdre bientôt ce caractère national ? A ces légitimes revendications un souffle funeste est venu s'associer, pour le malheur de la France et de l'Europe, sans parler de celui de l'Italie, et inspirer à notre politique cette secrète déviation dont tous les intérêts compromis subissent aujourd'hui la fatale conséquence. A côté du parti de l'indépendance nationale le parti radical a poursuivi un autre but : la conquête *per fas et nefas* des diverses autonomies jusque-là distinctes, et leur absorption dans une unité que repoussent à la fois leur constitution, et leur histoire ; grâce à la mollesse de l'Europe, et au secret acquiescement du pouvoir qui parlait alors au nom de la France, ce parti a prévalu : toutefois il faut observer qu'aucun de ces gouvernements qui laissaient ainsi s'accomplir l'œuvre de la révolution Italienne, tout en reconnaissant le fait accompli, n'a jamais osé lui donner dans le droit Européen une consécration définitive ; la consommation de cette iniquité, c'est-à-dire l'entrée violente des troupes de Victor-Emmanuel à Rome n'a été possible qu'à la faveur des complications Européennes, et comme une surprise, que les autres gouvernements ont subie, mais qu'ils n'ont jamais légitimée ; c'est cette surprise que l'on voudrait faire passer pour le résultat libre et volontaire des efforts de la France, de ses soldats, de sa diplomatie ! La conscience, et la droiture du caractère Français protestent contre une telle interprétation. Le pouvoir qui est tombé le 4 septembre, le jour même où l'abandon de ses troupes laissait le champ libre à la spoliation révolutionnaire commencée depuis plusieurs années contre les princes Italiens, ce pouvoir, depuis sa chute, a eu le loisir de méditer les enseignements qui peuvent se tirer d'une pareille coïncidence : Mais quelque responsabilité qu'il ait encourue dans cette consommation de l'iniquité Piémontaise, ce n'est pas là un fait dont la politique Française soit obligée de se prévaloir aujourd'hui pour revendiquer la responsabilité de tout ce qui s'est accompli depuis l'entrée de Garibaldi à Naples, jusqu'à celle de Victor-Emmanuel à Rome ; aucun pouvoir politique et sensé n'osera le prétendre ; et c'est pour cela que, tout en l'acceptant comme un fait, M. Thiers, à la veille de l'alliance qui modifie aujourd'hui notre situation diplomatique, faisait ses réserves à l'égard de l'unité Italienne.

Ce langage que l'on s'explique, avant le grave incident qui fait l'occasion de cet écrit, on ne le comprendrait plus aujourd'hui, depuis que l'alliance des puissances du Nord, secrètement conjurées contre l'unité Italienne, a mis la France en demeure d'en dégager sa part de responsabilité.

Que la diplomatie révolutionnaire s'honore de sa participation avec les intrigues qui ont eu pour résultat d'usurper cinq trônes en Italie, et finalement celui du Pontife Romain, la vraie politique Française peut-elle revendiquer autre chose que sa coopération à la pensée nationale qui a eu pour résultat de rendre l'Italie à elle-même, et de l'affranchir du joug étranger ? poser la question, c'est la résoudre.

Or, en demandant à Victor-Emmanuel de substituer l'unité fédérative à l'unité révolutionnaire, nous ne faisons autre chose que de reprendre la tradition de notre politique nationale, soutenue par nos armes, et notre influence. Il se trouve ainsi que nous concilions à la fois la proposition d'un expédient salutaire pareil à celui du navire en danger qui jette une partie de sa cargaison pour sauver l'autre, avec l'affirmation de notre première et véritable volonté, puis enfin le retour à nos anciens principes conservateurs. Jamais peut-être la justice et la pacification du monde, le droit et l'habileté diplomatique ne se seront rencontrés dans une plus salutaire association.

Pour ceux qui s'obstineraient à soutenir encore cette phase à jamais regrettable de notre histoire, et voudraient développer, dans l'opinion, et produire dans les faits ces funestes théories des nationalités, du succès de la force, du fait accompli, à ceux-là je répondrai : « Où donc s'arrêtera votre aveuglement? Français, par votre naissance, vous vous dites citoyens de l'univers, par votre sympathie à la fraternité des races : Commencez donc par obtenir que ces agglomérations nouvelles de peuples ne soient pas la terreur et la réprobation du monde ! Faites que cette prétendue fraternité soit autre chose qu'un masque jeté pour dissimuler les convoitises et les haines, qui, vues dans leur vrai jour, inspireraient l'horreur universelle, et nous ramèneraient, si elles prévalaient, au spectacle de l'antique barbarie.

Eh quoi ! l'Italie et l'Allemagne révolutionnées; l'Europe divisée et inquiète, l'équilibre Européen bouleversé jusque dans ses fondements : Est-ce que ces résultats ne suffisent pas pour vous ramener à la lumière, pour vous faire souvenir enfin que, Français, vous outragez la France, en lui prônant sans cesse des théories contraires à tous ses intérêts, à toutes ses vraies traditions?

Mais je me trompe : vous n'êtes pas des Français, vous êtes le parti de la révolution!

Vous parlez de fraternité universelle des peuples; mais ce n'est là, qu'un masque trompeur pour dissimuler vos secrets desseins : Vous voulez frapper au cœur l'existence même de votre patrie; s'il vous était possible, vous voudriez supprimer les vieilles nations de l'Europe, parce que cette forme séculaire de l'existence des sociétés implique le maintien des principes que vous détestez, les doctrines, les gloires nationales, la hiérarchie, tout ce que vous avez juré de détruire.

Avec les agglomérations de peuples, au contraire, ce que vous voulez créer, c'est l'inconnu, ou plutôt, c'est l'antique organisation brutale et païenne que nous avons déjà flétrie comme elle le mérite, et contre laquelle protestent quinze siècles de civilisation chrétienne !

Pour que votre jour arrive, il faudrait en avoir fini avec ce qui subsiste encore dans le monde de conscience, de liberté, de dignité, et de responsabilité personnelle.

Il faudrait que l'humanité eût abdiqué tout ce qui fait son honneur, et qu'elle consentît à devenir semblable à un vil troupeau, livré aux caprices de quelqu'obscur despote, instrument lui-même des desseins homicides d'une révolution satanique. Avant d'en arriver là, vous trouverez debout, pour vous arrêter, à l'intérieur, ce qui s'appelle le parti de la France, et au-delà de ses frontières, le parti de l'Europe civilisée !

Quant à l'opinion publique, cette force aveugle, et souvent inepte, cette masse des idées flottantes, qui se livre à toutes les illusions, qui se transforme à tous les mirages, qui se laisse prendre à tous les pièges, le moment est venu de se résoudre enfin à l'éclairer, et, si cela ne se peut, à la dompter !

Les événements ne sont-ils pas là avec leurs enseignements, et leurs conséquences ! quel temps étrange que celui où l'on a des yeux pour ne rien voir !

On sait pourtant où nous ont conduits, sous l'action d'une presse achetée par des meneurs étrangers, la théorie anti-française des agglomérations de peuples, la création de l'Italie unitaire, et enfin cette unité Allemande, fille du protestantisme et du sabre ; nous avons déjà payé assez chèrement l'abandon de notre politique traditionnelle, celle qui a fait l'équilibre européen ! comme l'a si bien dit M. Thiers, « elle était la conclusion de toute notre histoire, l'œuvre de nos plus grands hommes, depuis trois siècles ; rétablie en 1815 par un don de la Providence qui nous dédommageait de nous ôter la puissance du territoire, en nous donnant celle de l'influence, elle mettait notre patrie, non pas en mesure de dominer le monde, mais de le contenir, de le modérer par son influence pacifique et irrésistible. »

Nous l'avons délaissée pour courir après des chimères ; mais, c'est à elle que doit enfin revenir notre diplomatie, pour se dégager de la double pression du caprice des foules, et du joug des sectaires. A sa lumière on comprendra comment ces races Latines que tous les utopistes invoquent aujourd'hui pour leur cause, peuvent être le point de départ d'une association Européenne, armée des forces conservatrices et réparatrices, pour contrebalancer l'influence immodérée des races Germaniques, pour raffermir ou relever les nationalités, enfin pour refaire une Europe !

Que la France décide l'Italie à secouer par le rétablissement de l'unité fédérative, le joug de l'unité révolutionnaire, ce jour-là, quelles qu'aient été ses fautes, elle retrouvera ses titres à la faveur de Dieu et des hommes !

Quant à l'Italie, quelque doive être son aveuglement, si l'on répondait en son nom, que sa politique et ses hommes d'État sont engagés sur une pente fatale où l'on ne s'arrête pas, j'insisterais encore davantage pour demander à mon pays de se dégager d'une pareille compromission.

Au nom de son honneur, et de son passé, et surtout au nom de son avenir, je lui dirais : Laissez l'Italie accomplir seule sa destinée, et subir les conséquences de cette parole qui, au début de ses agitations, a été une forfanterie retentissante, mais qui deviendra, bientôt peut-être, le sceau de sa condamnation : « Italia fara de se ! »

IX

La conduite nouvelle, imposée par les événements à la politique Française rencontre un troisième ordre d'objections : celles qu'ont à leur service les adorateurs du fait accompli. Ce culte d'un nouveau genre compte, nous le voyons, de nombreux bataillons : on y voit défiler l'armée des trembleurs, des indécis, masses flottantes, effarouchées par une idée, comme certains peuples, par le canon. Nous avons donc à lutter ici contre la puissance des faits : écoutons les hommes « pratiques. » Selon leur raisonnement, l'unité Italienne, sous sa forme complète et matérielle, est un de ces faits qui a tellement pris sa place au soleil, qu'il défie toutes les oppositions, toutes les réactions. Ses conséquences, ajoute-t-on, intéressent à la fois, sous des aspects divers, les trois grandes nations qui l'ont, ou voulue, ou au moins acceptée ; or, quelque séduisante que puisse être une théorie, il y a plus d'inconvénients que d'avantages à remettre en question un fait reconnu et accepté de tous.

De pareils raisonnements, je le sais, suffisent aujourd'hui pour influencer, ou pour persuader les foules : voilà bien dans sa naïveté creuse l'opinion du moment ! mais il faudrait désespérer de l'humanité, si de tels arguments devenaient les maitres de la politique, et du gouvernement des peuples !—à cette argumentation, il me sera peut-être permis d'opposer celle-ci : S'il est vrai que l'unité Italienne est le produit à la fois d'une doctrine funeste, et de la force brutale, quelle consécration, le succès, — succès sans lendemain — (j'ai essayé de le démontrer), peut-il donner à un pareil fait ?

Vous dites que la France veut l'unité Italienne, telle qu'elle existe aujourd'hui : En êtes-vous bien sûrs ? Mais, je veux bien supposer qu'il en soit ainsi : c'est apparemment parce qu'on a persuadé à la France que cette unité Italienne était ce qu'il y avait au monde de plus favorable à ses intérêts ; mais puisque l'expérience des six dernières années montre que cette espérance était illusoire, et n'a produit que des déceptions, j'en conclus que les politiques téméraires qui ont suggéré à la France cet expédient funeste, s'ils ne veulent pas aggraver leur faute, jusqu'à en faire un crime, n'ont qu'une ressource, c'est de reconnaître qu'ils se sont trompés.

Que ceci soit entendu de cette foule, quelque nombreuse qu'on veuille bien la représenter, pour laquelle l'unité Italienne est devenue un dogme politique.

Mais, il n'est pas exact que cette créance ait trouvé une faveur aussi générale qu'on veut le dire ; personne n'ignore que, dès son apparition, la transformation violente de la Péninsule a rencontré en France, en même temps que la répulsion instinctive de tous les catholiques, l'opposition de tous les esprits intelligents, de tous ceux qui forment la saine opinion publique.

Il ne s'agit donc pas de faire revenir la France à une volonté contraire à celle qui a toujours été la sienne : Il s'agit seulement de manifester ce qui est au fonds, la pensée véritable de toutes les âmes honnêtes et clairvoyantes : Il s'agit de mettre en présence de l'Italie, non plus le parti des révolutionnaires, des hommes de surprises et d'expédients, mais la vraie France, la nôtre, celle qui dans le passé se faisait écouter avec son cœur, et au besoin avec son épée, celle dont nous nous glorifions d'être les citoyens vivants et libres, celle enfin à qui il est resté une âme pour concevoir les généreuses résolutions, un bras pour les soutenir, et du sang à verser pour elles !

C'est de cette France que nous attendons l'intelligence de ces pages ; c'est elle qui s'honorera en disant bien haut ce qu'elle veut : Ce jour-là, ce qui n'est ici qu'une espérance, deviendra un fait : alors les foules s'inclineront devant ce fait, comme aujourd'hui, elles adorent le fait contraire, et elles se diront : l'unité révolutionnaire de l'Italie doit disparaître, parce que la France le veut !

Si la France le veut, croit-on par hasard que l'Italie ne le voudra point ? Je ne parle pas ici du parti de la révolution qui tient ce malheureux pays dans ses griffes ; on a déjà vu d'après ce qui précède, ce qui arriverait le jour où l'Europe s'entendrait pour arrêter son œuvre : mais j'affirme que tous les hommes qui sont aujourd'hui au pouvoir en Italie, reculeraient devant la parole énergique de la France, fût-elle seule à la prononcer : et j'ajoute que cette parole serait reçue avec sympathie de toute cette partie demeurée saine de la Péninsule, qui n'a 'jamais pactisé avec les doctrines violentes, et subversives. En effet, on oublie trop facilement que l'unité Italienne a été faite avec un ensemble de provinces dont plusieurs, demeurées fidèles à leurs gouvernements légitimes, souffrent amèrement de l'état des choses actuel, et dont les autres, désabusées des chimères, par l'expérience et la comparaison, ne demandent qu'à revenir à leur constitution première et naturelle : On oublie que l'Italie, malgré tous les efforts qu'on a faits pour la démoraliser, est encore dans le fonds une nation catholique, et conservatrice. Quand donc on vient dire : l'Italie ne voudra pas défaire son unité matérielle; je réponds : L'Italie rendue à ses véritables inspirations, et librement consultée, proclamera qu'à l'état de choses actuel, elle préfère la restauration de ses anciennes autonomies, et avant tout, de cette Papauté, dont elle a été fière, à juste titre, pendant tant de siècles, mais qu'elle est condamnée à garder aujourd'hui comme une captive.

Voici les faits, malgré toutes les dénégations bruyantes : les voici dans toute leur vérité, aussi bien pour la France que pour l'Italie : A les nier, il n'y a que les sectaires passionnés, ou les dupes naïfs qui battent la campagne, à la remorque de toutes les chimères, et de toutes les utopies.

Mais l'objection que je combats ne s'arrête pas ici : poussée dans ses derniers retranchements, elle invoquera contre ma thèse la volonté de l'Autriche.

L'Autriche, dont peu de politiques se soucient pourtant en France, à l'heure présente, on commence à respecter sa volonté, le jour où, cette volonté semble s'accorder avec certains désirs! On dit donc : l'Autriche répugnera à une politique qui lui enlèvera peut-être toute raison de reconquérir sa frontière militaire en Italie : et si l'Autriche ne veut pas de cette nouvelle politique, elle s'écroule par sa base. Ceux qui raisonnent ainsi oublient deux choses : La première, c'est que, si cette politique s'accomplit, ce sera par le fait de la volonté de la France ; la seconde, c'est que l'Autriche est, avant tout, elle aussi, une puissance conservatrice et catholique.

Ces deux faits étant admis, quand par l'initiative de la France, de concert avec l'Italie, l'unité actuelle de la Péninsule sera transformée par un retour pur et simple aux traités de Zurich et de Prague, la situation de l'Autriche loin d'être plus fâcheuse qu'elle ne l'est aujourd'hui, deviendra au contraire bien préférable : Si en ce moment elle songe à exercer des revendications en Italie, c'est d'abord qu'elle n'a d'autre moyen sérieux de défensive : c'est d'autre part que l'état agressif de l'Italie constitue pour les frontières Autrichiennes un perpétuel danger.

Du jour où l'Autriche verra la restauration des autonomies que le Traité de Zurich avait garanties ; du jour où l'Italie, devenue une puissance conservatrice, cessera d'être pour elle une menace, et un secret affront, ce jour-là elle comprendra qu'elle a tout intérêt à accepter définitivement l'édifice Italien, même, fait avec une partie de ses dépouilles, plutôt que de se constituer, à son égard, dans un état d'impuissante hostilité.

Dès lors, retrouvant de si larges compensations, une Italie, non plus agressive, mais sympathique, ses anciennes alliances dans la Péninsule, la Papauté restaurée, la France son alliée, dès qu'elle le voudra, enfin les éléments préparés pour l'agglomération sainement entendue des races Latines, au sein de laquelle elle exercera une influence décisive, l'Autriche, entre une pareille perspective, et celle de son alliance avec la Prusse, ne pourra plus hésiter. Cette politique nouvelle, elle comprendra que, seule, elle peut lui ouvrir, au prix même, de certaines rectifications de frontières dans le Tyrol, de légitimes perspectives d'agrandissements en Orient, agrandissements auxquels, dans l'état présent de son alliance avec la Prusse, elle ne saurait songer, sans soulever contre elle l'Europe entière.

L'examen plus approfondi des véritables intérêts de l'Autriche exclut donc l'objection tirée de son opposition : comme toutes les autres fins de non-recevoir, opposées à ma thèse, c'est un mirage qui disparaît, quand on l'approche.

Quant à l'Europe, objectera-t-on que la transformation de l'Italie la trouvera indifférente ou hostile ? Pour le croire, il faut s'imaginer que l'Europe n'a plus aucun souci de ses traditions conservatrices, ni l'instinct de ce qui peut la sauver : c'est là une erreur ! depuis douze ans il est bien vrai que l'Europe a trop facilement courbé la tête devant les faits accomplis : Mais elle souffre aujourd'hui, et elle sait par expérience que ses souffrances ont surtout pour cause, ses molles complaisances pour les violations sacrilèges de tous les principes sur lesquels reposait son équilibre. Il n'est pas nécessaire d'être un profond politique, pour sentir, qu'en ce moment, aux nations comme aux individus, il manque quelque chose d'indéfinissable, mais dont l'absence cause un universel malaise : Ce quelque chose dont, à la surface on prétend se passer, mais dont secrètement on redoute la disparition, c'est ce principe Divin qui, en consacrant la morale publique et individuelle, leur communiquait à toutes deux la force suffisante pour résister à toutes les attaques. Aujourd'hui à l'audace croissante de ces attaques, à ce parti pris de demander à la seule raison les soutiens, et la défense du monde moral, se joint un mouvement secret de la providence qui, en se retirant, ou semblant se désintéresser des événements, laisse dans la trame des intérêts humains, ce je ne sais quoi d'instable, de précaire, de fragile, que l'on ne peut considérer sans terreur !

L'enseignement solennel qui se dégage de cette situation, sera-t-il compris ? Il faut encore l'espérer !

Que chaque nation reprenne sa place, son véritable génie. Que la France redevienne ce que Dieu, et les siècles l'ont faite, le rempart du catholicisme, et avec lui, du vrai droit social ; qu'Elle refasse l'Italie sur des bases conciliables avec l'équilibre général, l'Europe suivra son exemple, et applaudira à sa victoire morale, qui sera celle de la vraie civilisation sur la révolution !

X

Je crois avoir atteint le but que je me proposais dans cet écrit.

J'ai essayé de démontrer que l'alliance de l'Autriche et de la Prusse, à Gastein, avait un double caractère, et un double effet : à savoir, d'une part, quant à la Prusse, d'annihiler et d'immobiliser la politique Française, par l'alliance Autrichienne, d'autre part, quant à l'Autriche de refaire, appuyée sur l'accord de la Prusse, sa position en Italie.

J'ai ajouté que la France ne pouvait se contenter d'une attitude passive, mais qu'elle se devait à elle-même d'adopter sans retard une politique de résistance.

Le lecteur a vu que cette résistance ne pouvait se produire par la force des armes ; et, qu'elle ne pourrait pas davantage avoir le caractère d'une propagande révolutionnaire.

La politique dite : Alliance des races Latines a été à son tour l'objet de notre examen : Il est, je crois, démontré que, pratiquée en dehors des inspirations religieuses et conservatrices, qui lui ont donné jadis une incontestable prépondérance, et contre l'Autriche qui en devrait former un des éléments principaux, enfin par le concert exclusif des peuples spécialement travaillés par le courant révolutionnaire, cette théorie ne serait, dans l'état présent de l'Europe, qu'une démonstration ridicule et impuissante.

En un mot, il résulte que toutes les solutions proposées jusqu'ici n'aboutiraient qu'à un double fait, d'abord à assurer le succès des entreprises, contre l'Italie actuelle, décrétées aujourd'hui par la diplomatie Allemande, et ensuite, à consacrer pour la France un irrémédiable abaissement.

L'adoption généreuse et loyale d'une politique qui consisterait à dénouer sans retard l'unité matérielle et révolutionnaire de la Péninsule, pour y substituer son unité morale et conservatrice, par la création d'une Italie du Nord, appuyée sur la restauration des autonomies nationales, et leur association en une vaste confédération, seule conforme à toutes les aspirations et à toutes les traditions de ces peuples : Telle a été la solution qui nous est apparue comme l'unique moyen de résoudre à la fois tous les problèmes actuels, et de prévenir les nouvelles catastrophes dont l'Europe est aujourd'hui menacée ;

On a pu voir ainsi que, par un de ces coups mystérieux, dont la Providence se sert quelquefois pour tirer des plus grandes difficultés les plus merveilleux effets, ce qui apparait comme le devoir suprême de la France, est, en même temps pour elle le principe politique le plus fécond en résultats inespérés.

En prenant pour guide pratique la maxime de Châteaubriand consignée au début de ces pages : « En diplomatie, l'on doit partir du point où l'on se trouve », il me semble que le développement de ma thèse a justifié cette autre parole de Bossuet : « Les principes sont encore ce qu'il y a de plus aisé; et ce qui roule le mieux, c'est l'ordre ! »

En terminant, j'ose exprimer l'espoir, qu'avec l'aide de Dieu, et la sagesse de mon pays, le jour viendra, jour plus prochain peut-être que certains ne le pensent, où cette politique sera comprise, et adoptée : car tant de malheurs et d'expériences douloureuses ne peuvent pas se produire, sans porter leurs fruits !

Je l'espère enfin, parce que l'heure présente est au bon sens, et la parole, à la France !